TRAITÉ

DE

L'IMPRESSION PHOTOGRAPHIQUE

SANS SELS D'ARGENT

CONTENANT :

L'HISTOIRE, LA THÉORIE ET LA PRATIQUE DES MÉTHODES ET PROCÉDÉS

DE L'IMPRESSION AU CHARBON, DE L'HÉLIOPLASTIE,

DE LA PHOTOLITHOGRAPHIE, DE LA GRAVURE PHOTOCHIMIQUE,

ETC., ETC.

PAR

ALPHONSE POITEVIN

INGÉNIEUR CIVIL,

ancien élève de l'École centrale des Arts et Manufactures,
ex-ingénieur-chimiste des salines de l'Est,
honoré d'un prix par la Société d'encouragement en 1847, d'une médaille d'or
sur les prix de M. le duc de Luynes, en 1859,
et du prix entier, en 1862, pour l'impression photographique inaltérable
au charbon, etc.

AVEC UNE INTRODUCTION

PAR M. ERNEST LACAN

PARIS

LEIBER, LIBRAIRE-ÉDITEUR

RUE DE SEINE-SAINT-GERMAIN, 13.

1862

Les droits de traduction et de reproduction sont réservés

TRAITÉ

DE

L'IMPRESSION PHOTOGRAPHIQUE

SANS SELS D'ARGENT

V

PARIS. — IMPRIMERIE DE E. DONNAUD
RUE CASSETTE, 9.

TRAITÉ

DE

L'IMPRESSION PHOTOGRAPHIQUE

SANS SELS D'ARGENT

CONTENANT :

L'HISTOIRE, LA THÉORIE ET LA PRATIQUE DES MÉTHODES ET PROCÉDÉS

DE L'IMPRESSION AU CHARBON, DE L'HÉLIOPLASTIE,

DE LA PHOTOLITHOGRAPHIE, DE LA GRAVURE PHOTOCHIMIQUE,

ETC., ETC.

PAR

ALPHONSE POITEVIN

INGÉNIEUR CIVIL,

ancien élève de l'École centrale des Arts et Manufactures,
ex-ingénieur-chimiste des salines de l'Est,
honoré d'un prix par la Société d'encouragement en 1847, d'une médaille d'or
sur les prix de M. le duc de Luynes, en 1859,
et du prix entier, en 1862, pour l'impression photographique inaltérable
au charbon, etc.

AVEC UNE INTRODUCTION

PAR M. ERNEST LACAN.

PARIS

LEIBER, LIBRAIRE-ÉDITEUR

RUE DE SEINE-SAINT-GERMAIN, 13.

1862

INTRODUCTION

Cette brochure n'est ni un manuel, ni un traité, ni un livre : c'est plus que tout cela ; c'est le résumé des travaux persévérants d'un homme qui, sachant beaucoup de choses, a appliqué, depuis vingt ans, toutes ses connaissances à la réalisation d'une pensée unique : le progrès d'un art qu'il aime avec passion et dont il a compris, dès l'origine, les vraies destinées. Si l'auteur avait suivi son propre sentiment, ce recueil n'aurait pas paru : ses amis, et nous nous faisons honneur d'être du nombre, l'ont enfin décidé à le publier ; nous sommes convaincu qu'on trouvera qu'ils ont eu raison.

Il y a, en effet, bien des enseignements dans ces pages, dont un grand nombre ont été déjà insérées, à diverses époques, dans les journaux français et étrangers, mais qui prennent une valeur nouvelle à se trouver réunies par l'auteur lui-même. On y suit la marche incessante du chercheur dans la voie qu'il s'était tracée dès l'abord, et qui devait tout simplement amener la photographie à son état définitif, en conduisant à la solution de ce problème : *rendre inaltérable l'image brillante mais fugitive tracée par la lumière*. On assiste à la lutte laborieuse du savant qui connaît les moyens, prévoit les résultats, mais, non content du succès, veut avancer encore et avance, en effet, à chaque nouvelle tentative ; si bien que toute l'histoire des progrès de l'impression photographique est renfermée dans ce petit volume. Car les divers procédés imaginés par M. Poitevin contiennent en germe, et souvent en entier, tous ceux de même nature qui ont été proposés par d'autres auteurs. Il suffit pour s'en assurer de lire l'intéressant rapport écrit par M. Paul Périer au nom de la Commission chargée de juger le concours auquel a donné lieu la généreuse fondation de M. le duc de Luynes. En analysant les méthodes présentées par les différents candidats, le rapporteur prouve d'une manière irréfutable, que toutes sont basées sur le procédé primitif de M. Poitevin, et que si ce dernier n'existait pas, les concurrents « l'auraient inventé. »

Depuis ce premier concours, il a surgi plusieurs

procédés au charbon ; un entre autres pour lequel
on a fait beaucoup de bruit afin de donner à croire
qu'il constituait une importante innovation. Un
brevet a été pris, des réclames quotidiennes publiées dans tous les journaux et affichées sur tous
les murs. Or, il suffit de comparer la description
de cette nouvelle méthode avec le brevet pris par
M. Poitevin, en août 1855, pour se convaincre
qu'il y a identité, et que la seule différence réside
dans un tour de main indiqué publiquement par
un habile amateur, dès 1858, et appliqué en
1859, pour le charbon, par un photographe an-
glais.

La seule innovation réellement accomplie depuis le concours de 1858, c'est à M. Poitevin lui-
même qu'on la doit : nous voulons parler du procédé au perchlorure de fer et à l'acide tartrique.
Aussi, dans son dernier jugement, la commission
du prix de Luynes a-t-elle décidé, par l'organe de
son président et savant rapporteur, M. Regnault,
que le prix tout entier serait accordé à M. Poitevin.

Les épreuves insérées dans ce volume ne doivent pas être considérées comme des œuvres d'art :
ce sont seulement des spécimens, exécutés par
l'auteur lui-même dans le cours de ses essais, et

il espère qu'elles n'en auront que plus de prix
pour les personnes qui s'intéressent à ses découvertes. Il aurait désiré joindre à ces spécimens
des planches de photolithographie et des épreuves
imprimées au charbon emprisonné dans la gélatine bichromatée ; mais il n'est plus propriétaire
de ces procédés, dont il a cédé le brevet à M. Lemercier : trop de sujets de désaccord existent
déjà entre l'inventeur et l'acquéreur pour que
M. Poitevin ait pu faire usage de ses droits en exi-
geant de son cessionnaire des spécimens de ce
genre. D'ailleurs, on a pu en voir aux dernières
expositions, et il a été facile de s'assurer de la valeur des résultats obtenus.

Nous n'ajouterons qu'un mot en terminant : ce
petit livre contient en germe tout l'avenir de la
Photographie.

Ernest Lacan.

DE

L'IMPRESSION PHOTOGRAPHIQUE

SANS SELS D'ARGENT

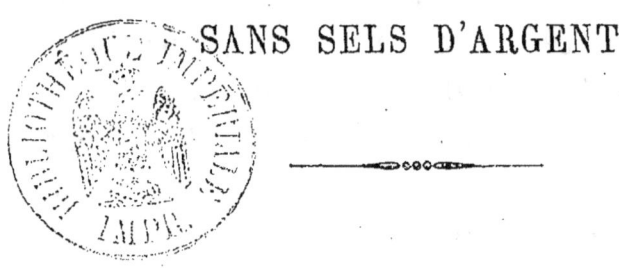

CHAPITRE PREMIER.

Historique. — Gravure photochimique.

En 1839, je fus appelé à Paris pour y suivre les cours de l'École centrale des arts et manufactures, et là, j'eus occasion de lire le rapport fait à l'Académie des sciences, par l'illustre Arago, relativement à la possibilité de fixer chimiquement les images de la chambre noire : possibilité constatée et appliquée par Daguerre.

Dès mon enfance, c'était mon désir : je devins donc, aussitôt, l'un des plus fervents adeptes de Daguerre.

Je me mis à l'œuvre comme tant d'autres, et, depuis cette époque, je n'ai pas cessé, soit d'imagination, soit par mes mains, de m'occuper de la photographie.

1

La perfection à laquelle les photographes de métier ou les amateurs peuvent arriver m'occupa très-peu ; le point de vue scientifique seul me préoccupait, et immédiatement je me livrai aux expériences et aux explorations chimiques ; en un mot à la recherche de tous les moyens possibles d'application, les plus généraux et les plus pratiques.

De ces essais primitifs, il me reste peu de spécimens ; cependant parmi ceux que j'ai conservés il s'en trouve déjà de très-satisfaisants et d'assez curieux, si l'on se reporte aux époques où ils furent faits.

Du reste, par la lecture de ce résumé, on jugera tous les moyens théoriques et pratiques que j'ai eu la patience de mettre en œuvre, et comment j'ai pu parvenir aux quelques découvertes qui m'ont fait connaître dans le monde scientifique, et m'ont valu quelques récompenses.

Au début de mes études obligatoires de l'École centrale, je pouvais bien difficilement me livrer à mon goût favori, la photographie : cependant, passionné comme je l'étais pour cette admirable découverte, je dus y persister, car ma vocation était là ; mais, malheureusement, elle était pour moi trop peu fructueuse pour l'embrasser exclusivement.

Dès 1842, me livrant à des expériences de galvanoplastie, pour reproduire les images formées sur les plaques d'argent, j'observai que la plaque daguerrienne, au sortir de la boîte à mercure et portant à sa surface l'image dont les blancs sont formés par l'amalgame d'argent et les noirs par l'iodure d'argent non modifié par la lumière, se recouvrait de cuivre sur les blancs seulement, c'est-à-dire sur l'amalgame, sans que les noirs fussent modifiés, lorsqu'on la plongeait dans le bain galvanoplastique; ce fut là ma première découverte, et pour laquelle je fis de nombreux essais, qui tous réussirent; mais, forcé de suspendre ces distractions (car à cette époque ce n'était pour moi rien autre chose), et de me livrer à ma carrière d'ingénieur, ce ne fut qu'en 1847 que je pus y revenir comme études sérieuses.

Alors, je cherchais un procédé de gravure chimique, et naturellement l'idée me revint d'essayer de nouveau mes observations de 1842.

Je les appliquai d'abord pour la gravure par les acides, à des reports sur métal des dessins iodés de M. Niepce de Saint-Victor, puis à des images daguerriennes sur plaqué ou doublé d'argent (1) et bientôt après à la transformation des images daguerriennes en clichés négatifs pouvant être tirés par les procédés ordinaires sur des papiers préparés aux sels d'argent (2).

Voici les procédés relatifs à ces premières applications de la photographie à la gravure et à la transformation de l'image daguerrienne en clichés :

(1) *Comptes rendus de l'Académie des sciences*, t. XXVI, p. 153 (février 1848).

(2) *Comptes rendus de l'Académie des sciences*, t. XXVII (13 juillet 1848).

1° Pour obtenir une *gravure en relief*, par le moyen des décalques sur métal des dessins exposés aux vapeurs d'iode, ou mieux des images daguerriennes, je prends une planche d'argent ou de cuivre argenté. A sa surface, je forme le dessin de manière que les traits soient de l'iodure d'argent, qui n'est point conducteur de l'électricité; les lumières ou les blancs étant la surface même du métal pur ou cette surface amalgamée.

Pour arriver à ce but, j'emploie deux méthodes : la première, qui consiste à décalquer sur la surface de la plaque le dessin, après l'avoir exposé à la vapeur d'iode ; la seconde, que je préfère, à former ce dessin par les moyens connus de la daguerréotypie, c'est-à-dire en iodant une plaque argentée, l'impressionnant, soit dans la chambre noire, soit par un contact en transparence, c'est-à-dire après l'avoir recouverte du dessin à reproduire et soumise à la lumière.

Quand la plaque est ainsi préparée, je la passe, comme d'usage, à la vapeur du mercure où le dessin se forme, et alors, sans dissoudre l'iodure d'argent qui n'a pas subi l'action de la lumière, j'attache la planche au pôle négatif d'une pile composée d'un petit nombre d'éléments, et je la plonge dans un bain saturé de sulfate de cuivre en regard d'une plaque de cuivre rouge de même dimension mise en rapport avec le pôle positif de la même pile, et presque aussitôt le dépôt de cuivre a lieu, mais seulement sur les parties métalliques restées à nu ou amalgamées de la surface : c'est-à-dire celles qui correspondent aux blancs du dessin, tandis que celles qui correspondent aux noirs, étant garanties par la couche non conductrice d'iodure d'argent, qui les recouvre, en sont préservées.

Cette opération est très-facile à conduire, pourvu que le courant soit faible, parce qu'alors on peut chaque demi-minute sortir la plaque du bain pour juger de l'état du dessin que l'on voit apparaître successivement, et lorsqn'on le juge complet, c'est-à-dire quand les noirs formés par l'iodure apparaissent bien nettement sur la surface partiellement cuivrée, on doit arrêter l'action du courant, car si on le continuait, toute la surface se couvrirait de cuivre.

Cette opération terminée, je retire la planche du bain de sulfate de cuivre, je la lave d'abord à l'eau ordinaire, puis avec une dissolution d'hyposulfite de soude pour dissoudre l'iodure d'argent qui m'a servi de réserve; enfin, je lave de nouveau à grande eau distillée, et je sèche.

Je reprends ensuite ma planche que je chauffe à une température suffisante pour oxyder la surface du cuivre; celui-ci prend successivement différentes teintes dues aux lames minces d'oxyde qui se forme, et je m'arrête à celle brun sombre. Je laisse refroidir, puis j'amalgame l'argent resté à nu en chauffant légèrement pour faciliter l'opération.

Le mercure ne se combinant pas avec l'oxyde de cuivre, j'ai un dessin dans lequel les parties amalgamées correspondent aux noirs et les parties de la planche recouvertes d'oxyde de cuivre, correspondent aux blancs; l'amalgamation terminée, je recouvre la planche de deux ou trois feuilles d'or battu et je fais évaporer le mercure en chauffant. L'or adhère seulement aux places où l'argent était amalgamé, par conséquent à l'endroit des noirs du dessin, et, par un simple frottement, je débarrasse de l'or non adhérent les autres parties de la surface. Je puis encore, avec avantage, employer un autre moyen pour recouvrir d'or la planche, c'est-à-dire que pour amalgamer l'argent, comme je viens de le dire, je me sers de mercure contenant de l'or en dissolution au lieu de feuilles d'or battu, dont on perd toujours une partie notable.

Cette dorure partielle étant faite par l'un des deux moyens indiqués, je couvre de cire les bords et le dos de la planche, puis je traite la surface à graver par de l'acide nitrique étendu, auquel j'ai ajouté une faible quantité de nitrate d'argent; la couche d'oxyde de cuivre est dissoute, ainsi que le cuivre non oxydé, et l'argent mis à nu est attaqué ensuite et se creuse, tandis que les parties dorées qui forment les traits du dessin ne sont pas attaqués par l'acide et restent en relief; de temps en temps, pendant l'opération, je lave la surface afin de juger la marche de la morsure, que je continue jusqu'à ce que les blancs des tailles serrées soient assez profonds. Arrivé à ce point, si je veux creuser davantage les grands blancs, je vernis les parties suffisamment attaquées et je fais mordre à nouveau les autres.

Le dépôt galvanique du cuivre peut-être remplacé par le dépôt de tout autre métal qui ne s'unit pas au mercure, par exemple le fer et le platine; mais alors il faut éviter d'employer des bains renfermant des cyanures ou de l'ammoniaque libre, car, dans ce cas, l'iodure d'argent destiné à servir de réserve se trouverait dissous avant que le dépôt partiel ait eu lieu.

Lorsque j'ai voulu produire des gravures sur d'autres métaux que l'argent, j'ai dû renoncer au procédé de Daguerre pour former mon image; il m'a fallu exclusivement employer le procédé de décalque d'un dessin iodé, procédé que l'on peut remplacer par celui que j'ai découvert plus tard de l'emploi de la gélatine avec les bichromates et dont je parlerai plus loin (1);

2° Pour obtenir une *gravure en creux*, j'emploie les mêmes moyens que je viens de décrire, seulement, au lieu d'impressionner la plaque daguerrienne dans la chambre noire, ou à travers un dessin; je l'impressionne avec un cliché négatif de l'image à graver, ou bien j'effectue le décalque d'un dessin préalablement exposé aux vapeurs d'iode, sur une planche de cuivre recouverte d'une couche d'or.

Dans ce dernier cas, voici ce qui se produit : dans le bain de sulfate de cuivre, les parties correspondantes aux blancs se recouvrent encore de cuivre. J'enlève, avec de l'hyposulfite de soude, l'iode ou le composé d'iode qui s'est formé ; j'oxyde la couche de cuivre qui

(1) *Voy.* chapitre VI.

s'est déposée sur les blancs, et ensuite j'amalgame l'or avec du mercure contenant du plomb et je chauffe pour évaporer le mercure. Ensuite, si je traite cette planche par l'acide nitrique, l'or qui a été amalgamé est devenu attaquable et l'on voit se former sur la plaque des creux correspondants aux noirs du dessin.

Si, maintenant, j'applique à ces deux procédés de gravure 1° en relief, 2° en creux, toutes les méthodes et tours de main connus des graveurs, je puis, à volonté, faire du relief avec une gravure obtenue d'abord légèrement en creux et vice versa. Je ne crois pas devoir citer ici ces moyens, n'ayant pour but que la description de procédés qui me sont personnels.

A l'époque où je m'occupais si activement de ces procédés de gravure, j'observai *deux autres propriétés* de ces surfaces recouvertes de dépôt de cuivre galvanique.

L'une de ces propriétés, c'est que la plaque au sortir du bain de sulfate de cuivre, lavée et légèrement gommée, puis essuyée pour enlever l'excès de liquide, peut être encrée avec un rouleau chargé d'encre grasse ; le corps gras, dans ce cas, n'adhère qu'aux noirs du dessin, c'est-à-dire aux parties où existe la pellicule d'iodure d'argent qui les a préservés du dépôt de cuivre, tandis que cette encre est repoussée par les parties cuivrées.

L'autre propriété, c'est que les plaques recouvertes du dépôt partiel de cuivre, que l'on oxyde ensuite, et lorsqu'elles sont amalgamées dans les endroits où l'argent est resté à nu, peuvent être encrées au rouleau chargé d'encre grasse : dans ce cas l'encre ne prend que sur les parties où l'oxyde de cuivre existe, tandis que la surface de mercure la repousse.

Ces deux propriétés je les ai expérimentées plusieurs fois, et j'y ai vu l'indice de moyens nouveaux à employer pour faire des reports sur pierre, sur planches métalliques, etc., et même d'impressions immédiates sur le papier, puisque l'on peut, à volonté, obtenir sur les plaques, soit des reports positifs, soit des reports négatifs, selon l'usage auquel on les destine.

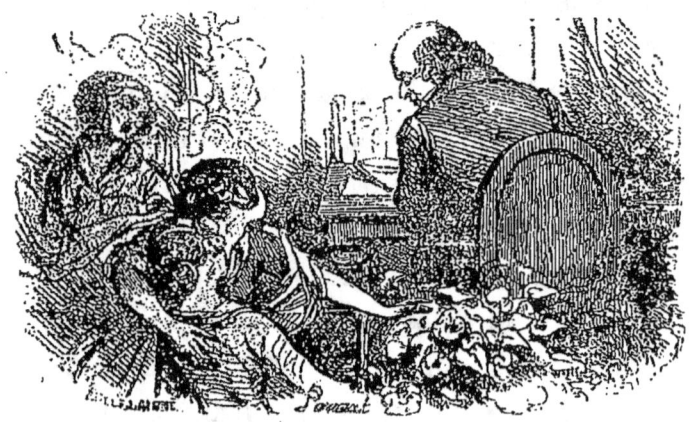

Gravure photochimique, 1847.

Un mémoire, renfermant tout ce que viens d'exposer, fut lu à l'Académie des sciences, le 7 février 1848 (1) ; il était accompagné, comme spécimens, 1° d'une planche d'argent gravée en relief, ainsi que des épreuves ; 2° d'une série d'autres planches, afin de mettre l'Aca-

(1) *Comptes rendus*, t. XXVI, p. 153.

démie à même de juger du nombre des opérations successives auxquelles j'avais dû me livrer pour épuiser tous les problèmes que je m'étais posés.

Quelques jours après, M. le baron Séguier présentait à la Société d'encouragement l'exposé de ce même procédé accompagné aussi de nombreux spécimens ; ce résultat fut jugé digne d'être admis au concours des prix qu'elle décerne et m'honora, ladite année, d'une médaille d'argent. Je donne à la fin de ce chapitre le rapport de M. Séguier.

A la suite de mes publications, quelques expérimentateurs ont proposé des moyens analogues et je crois pouvoir citer : 1° M. Beuvière, dont le procédé de gravure des images obtenues par la lumière ne diffère des miens que par la suppression de l'exposition aux vapeurs du mercure ; j'ai essayé ce moyen, c'est-à-dire en supprimant l'exposition aux vapeurs mercurielles, et j'ai tout lieu de croire que si elle n'est pas absolument indispensable, elle est tout au moins très-avantageuse, en ce qu'elle paraît assurer la réussite de l'opération qui, sans elle, est douteuse et exigerait une exposition à la lumière extrêmement longue (1) ; 2° MM. Garnier et Salmon, dont le procédé d'impression aux encres grasses appliquées sur des surfaces métalliques amalgamées dans les blancs de l'image, rentre également dans les moyens que je viens de décrire ; 3° enfin, M. Charles

---

(1) Présenté le 13 mars 1850 à la Société d'encouragement.

Nègre qui, pour constituer son procédé héliographique de gravure sur acier fait usage d'un dépôt partiel de métal, appliqué au moyen de la pile galvanique sur une surface portant une réserve photographique (1), et s'il n'emploie pas les mêmes corps, il n'en est pas moins vrai que l'idée mère est non pas simplement en germe, mais en effet, dans les documents et mémoires que j'ai publiés.

Si je n'ai pu citer ici un plus grand nombre des expérimentateurs qui ont usé, plus ou moins, de ces premiers labeurs, c'est qu'ils n'ont pas publié leurs moyens ou qu'ils n'ont pas eu la générosité de me nommer; mais j'ose espérer que cette modeste publication en fera justice, lorsque, tôt ou tard, leurs modes d'opérer seront connus.

Comme preuve de l'intérêt que la Société d'encouragement portait au procédé que je viens de décrire, je dois donner un extrait du Rapport de la commission du concours de 1847, pour les découvertes photographiques (2).

Page 198. « La gravure des planches par les méthodes chimiques est appelée à devenir un art véritable. Déjà M. Poitevin reproduit à volonté, en blanc ou en noir, au moyen d'une planche gravée au besoin en creux ou en relief, toute espèce de dessins directs ou transportés; c'est une industrie naissante que la Société prend sous

---

(1) *Bulletin de la Société de photographie*, année 1856, p. 336.

(2) *Bulletin de la Société d'encouragement*, 47ᵉ année, p. 198 et suivantes.

son bienveillant patronage en offrant un honorable encouragement à M. Poitevin. »

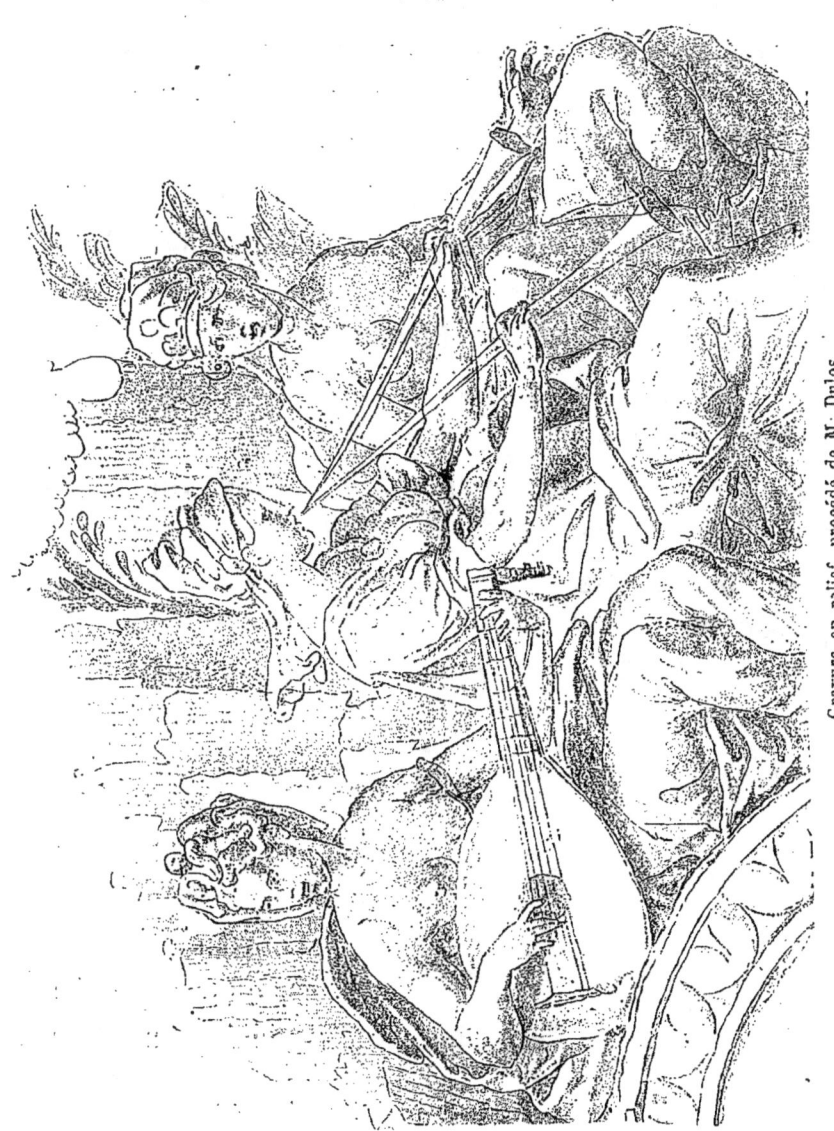

Gravure en relief, procédé de M. Dulos.

Page 200. « En résumé nous avons l'honneur de vous proposer sur la première question se rapportant à la gravure photographique de décerner etc..., à M. Poitevin, une médaille d'argent de 500 francs à prendre sur les fonds de la 3ᵉ section, etc. »

Je suis heureux de pouvoir donner ici un spécimen du procédé extrêmement complet et ingénieux, découvert et appliqué par M. Dulos, et qui a pour but la transformation des dessins en planches en taille douce et en relief. La méthode qui fait l'objet de ce chapitre ayant été le germe du procédé de M. Dulos, ce spécimen démontrera à quels résultats arrivent les spécialistes partant d'un principe vrai. D'aillleurs, M. Dulos, pour constituer son procédé, a dû chercher, et a trouvé, un grand nombre de faits nouveaux qui lui sont tout à fait personnels.

CHAPITRE II.

Transformation des images daguerriennes en clichés négatifs; leur multiplication sur papier préparé au chlorure et au nitrate d'argent.

C'est encore par le dépôt galvanique de cuivre sur les blancs des images daguerriennes, comme il est dit dans le chapitre précédent, ou bien des décalques sur plaques de dessins iodés, que je suis arrivé à obtenir, sur feuilles minces de gélatine, les clichés négatifs de ces dessins ou images, pour les reproduire, comme on le fait actuellement avec des négatifs photographiques.

M. Becquerel, membre de l'Institut, communiqua cette nouvelle application à l'Académie des sciences, le 3 juillet 1848 (1).

Mon mémoire était ainsi conçu :

« Pour obtenir l'image daguerrienne au moyen de la chambre noire, je fais toutes les opérations connues de la daguerréotypie, et je m'arrête après la venue de

_____
(1) *Comptes rendus de l'Académie des sciences*, t. XXVII, p. 13.

l'épreuve, c'est-à-dire après son exposition aux vapeurs du mercure ; si c'est un dessin sur papier ou autre feuille transparente que j'ai à reproduire, je puis éviter de me servir de la chambre noire, et j'opère de la manière suivante :

» Je polis parfaitement une plaque, et je l'iode jusqu'au violet foncé, et même jusqu'au gris d'acier ; je mets ensuite la surface iodée en contact avec la surface du dessin posé à l'avance sur une glace parfaitement plane ; je presse, avec les doigts seulement, la plaque contre le dessin ; si la plaque n'est pas trop grande, cette pression suffit ; autrement, j'emploie la pression d'une planchette recouverte d'un coussin, pour établir la coïncidence parfaite entre les deux surfaces. Je fais passer ensuite la lumière à travers la glace et le dessin, et la laisse agir sur la surface sensibilisée de la plaque pendant un temps qui varie selon l'épaisseur du papier ou l'intensité de la lumière : de cinq à trente secondes, si l'on opère au soleil, de cent à trois cents secondes si c'est à l'ombre. Je porte alors la plaque de doublé dans une boîte à mercure ordinaire et je fais apparaître le dessin, qui est une reproduction parfaite de l'original qui a servi d'écran.

» Pour les images obtenues dans la chambre noire, comme pour celles-ci, les parties blanches étant formées par de l'amalgame d'argent sont conductrices de l'électricité, tandis que les parties noires sont de l'iodure d'argent non conducteur. Je plonge alors la plaque ainsi

dessinée, mais non fixée, c'est-à-dire non lavée avec
une dissolution d'hyposulfite de soude pour enlever l'iodure qui recouvre les noirs, je la plonge, dis-je, dans
un bain galvanoplastique de sulfate de cuivre, en la
mettant en communication avec le pôle négatif d'un
élément de Bunzen; alors, le cuivre se dépose sur les
parties blanches et sur les demi-teintes, en quantité
proportionnelle à leur valeur, tandis qu'il épargne complétement les noirs. Ce dépôt s'effectue avec une telle
perfection, que le dessin daguerrien sur la plaque reti-
rée du bain de sulfate de cuivre est aussi net et aussi fin
qu'il l'était avant son immersion; seulement, il a changé
de couleur : de blanc il est devenu rouge, c'est-à-dire de
la couleur de la légère couche de cuivre qui recouvre
toutes les particules d'amalgame d'argent. On conçoit
facilement que cette immersion ne saurait être longtemps
prolongée, car la couche de cuivre deviendrait continue.
L'opérateur peut d'ailleurs s'arrêter au moment où il
jugera que le dépôt est arrivé au point convenable : il
s'en assurera en sortant, de temps en temps, la plaque du
bain. Pour avoir un dépôt bien égal, il est bon, pendant
le temps que dure l'opération galvanoplastique, de
changer le point de suspension de la plaque; il ne faut
pas cependant la retirer trop tôt du bain après l'immersion première, c'est-à-dire avant que le dépôt de cuivre
ait commencé à se former partout où il doit se produire,
car on s'exposerait à avoir des parties que le cuivre ne
recouvrirait pas ou qu'il ne recouvrirait que trop tard,

2

et par conséquent après qu'il aurait empiété sur les noirs des autres parties du dessin. » Il est bon de dire ici que cette opération peut se faire en pleine lumière, la couche d'iodure d'argent ne devenant pas, sensiblement du moins, conductrice de l'électricité par l'action lumineuse seule; elle ne le devient qu'après qu'elle a été exposée aux vapeurs du mercure après son insolation.

» Lorsque le dépôt partiel de cuivre est terminé, je lave la plaque à grande eau pour enlever toute la dissolution de sulfate de cuivre qui la recouvre, et je dissous par de l'hyposulfite de soude l'iodure d'argent qui existe sur les noirs; je lave à nouveau la plaque avec de l'eau distillée, et je la sèche aussitôt à la lampe à alcool. Si je ne dissolvais pas le sel d'argent existant sur les noirs du dessin, il serait décomposé plus tard par la gélatine dont je vais parler, et à laquelle il adhérerait en détruisant un peu sa transparence.

» Je fais alors le report de ces dessins, c'est-à-dire du dépôt partiel de cuivre qui les constitue, sur une feuille mince de gélatine; le cuivre n'adhérant que faiblement à la surface de l'argent, s'en détache aisément et forme alors une très-belle image transparente : trois moyens m'ont tous parfaitement réussi.

» Par le premier, je coule la gélatine, dissoute à chaud, sur la surface de la plaque posée de niveau. Le meilleur moyen de traiter la gélatine pour cela, est de choisir celle blanche du commerce, de la ramollir dans le moins d'eau possible, de la fondre ensuite et de la couler sur la plaque légèrement chauffée, c'est-à-dire de manière à ce que la vapeur n'y forme pas buée, ce qui pourrait diminuer l'adhérence de la gélatine au cuivre. Lorsque la gélatine est prise en gelée consistante, je l'abandonne à une dessiccation spontanée au grand air, et à l'ombre. J'ai observé que par un temps bien sec il faut pour cela de sept à huit heures, et par les temps humides, de deux à trois jours. Il ne faut pas que cette dessiccation se fasse trop promptement, parce qu'alors il pourrait arriver que la couche ne se soulevât que d'un côté et vînt à se rompre. J'évite cet inconvénient en maintenant la portion soulevée sur la plaque, et après quelques heures, la séparation totale peut s'effectuer facilement. Je détache alors sur le pourtour la feuille de gélatine, puis je courbe légèrement la plaque de doublé, sans faire participer la couche à ce mouvement, et si je rencontre quelques résistances, j'ajourne, comme je viens de le dire, l'opération, et cela jusqu'à ce que la feuille s'enlève presque seule.

» Par le second, je prends une feuille de gélatine mince, je la coupe de la dimension de la plaque, je la mouille à l'éponge imprégnée d'eau, je coule d'un côté à sa surface une dissolution de gélatine très-claire, j'en fais autant à la surface de la plaque portant le dessin en cuivre que je veux enlever, et j'applique avec soin ces deux surfaces gélatinées l'une contre l'autre, en observant bien qu'aucune bulle d'air n'y reste interposée; je recouvre ensuite le tout d'un linge mouillé, et je soumets à une faible pression ; puis j'enlève le linge et je laisse sécher spontanément toute cette couche, ce qui demande environ six ou sept heures pour qu'elle le soit entièrement, etc. Après, je procède à l'enlèvement, comme il a déjà été dit précédemment.

» Par le troisième, j'applique simplement sur la plaque non mouillée la gélatine ramollie, et enduite, d'un côté seulement, de gélatine claire afin de diminuer le temps de la dessiccation ; mais alors il faut apporter la plus grande attention pour éviter les bulles d'air qui se forment presque toujours malgré soi.

» Ces modes d'enlevages du dessin formé par le dépôt du cuivre sur la plaque réussisent toujours lorsque l'on a opéré sur une surface d'argent portant le décalque d'un dessin iodé ; ils réussissent également bien lorsqu'il s'agit d'un report daguerrien direct, c'est-à-dire d'une plaque iodée et impressionnée par contact, la lumière ayant traversé le dessin original ; ou bien enfin d'une épreuve obtenue sur l'iode seul dans la chambre noire, parce qu'alors le cuivre adhère peu à la surface de la plaque.

» Mais s'il s'agit de surfaces iodées et passées aux substances accélératrices, le brôme par exemple, l'enlevage devient plus chanceux, quoique cependant il soit rare que de tels enlevages ou reports de dessins sur feuilles de gélatine ne réussissent pas.

» Lorsque je craignais que l'état humide de la gélatine sur le cuivre ne déterminât une oxydation partielle, je l'évitais par une faible dorure ou argenture du cuivre faite simplement au trempé (1).

» L'opération terminée, la feuille de gélatine portant mon dessin formé par le cuivre présente, vue en transparence, toutes les parties correspondant aux blancs opaques dans la proportion de la vigueur des blancs ou des demi-teintes, et celles correspondant aux noirs conservent toute leur transparence, la gélatine n'ayant trouvé rien d'opaque à enlever de la surface de la planche ; il s'ensuit que ces feuilles m'ont admirablement servi de clichés négatifs pouvant me donner d'excellentes épreuves positives sur papier préparé au chlorure et au nitrate d'argent. Ces clichés ne diffèrent des clichés au collodion ou autres sur verre, que par leur teinte couleur de cuivre ; mais la perfection de la transparence et la finesse sont les mêmes.

» Avant de se servir de ces clichés, il est indispensable de les vernir avec soin, parce que le cuivre formant les parties opaques du cliché, se trouvant pendant le tirage des positives en contact avec les sels d'argent formant la surface sensible du papier, réagirait sur eux et produirait des taches indélébiles sur les blancs de l'image positive. »

Bien que le mode de préparation du papier positif peu connu alors, et dont je ne suis pas l'auteur, soit mainte-

(1) L'argenture ou la dorure au trempé est une opération facile : il suffit de plonger la pièce dans une dissolution faible d'aurate alcalin. Voir à ce sujet les ouvrages spéciaux de chimie.

nant connu de tous les photographes, je ne puis me dispenser, ne serait-ce que pour l'intérêt historique, de citer la description que j'en faisais à cette époque dans mon Mémoire :

» Je prends du papier à lettre de bonne qualité et sans aucunes raies ni traces de vergeures, je l'imprègne d'un seul côté d'une dissolution de sel de cuisine, dissolution que j'obtiens en étendant une certaine quantité d'eau saturée de chlorure de sodium, de 2 volumes d'eau distillée ; je le laisse séjourner à la surface du liquide trois minutes environ, je le retire alors pour l'assécher entre plusieurs doubles de papier joseph ou de papier sans colle pour filtres et, aussitôt après, je pose cette feuille, du côté salé, sur une dissolution aqueuse contenant 15 grammes d'argent pour 100 centimètres cubes d'eau distillée. Après un nouveau séjour de trois minutes environ, c'est-à-dire le temps nécessaire pour saler une autre feuille, j'enlève cette feuille, je la suspends par un angle et je la laisse sécher spontanément à l'abri de toute lumière photogénique. Pour me servir de cette feuille, je la place sur une planchette recouverte d'un coussin, le côté préparé en dessus et j'y applique le cliché de gélatine, le dessin ou cuivre en dessous, c'est-à-dire en contact direct avec le papier sensible, je la presse au moyen d'une glace appuyée dessus et je porte le tout à la lumière diffuse et non au soleil, parce que la chaleur agissant sur la feuille de gélatine la ferait gondoler et pourrait même détériorer le cliché. Au surplus, comme ces clichés sont très-transparents, le tirage à l'ombre se fait suffisamment vite, c'est-à-dire qu'il n'exige qu'un quart d'heure environ d'exposition à la lumière.

« Je fixe au moyen de la dissolution connue d'hyposulfite de soude; ainsi les parties du papier qui ont été préservées de l'action de la lumière par l'opacité de la couche de cuivre restent blanches, tandis que celles non préservées, c'est-à-dire non couvertes de cuivre, ou couvertes d'une manière insuffisante, forment les noirs et les demi-teintes du dessin. »

Ce procédé avait donc bien pour but de pouvoir tirer sur papier les images obtenues sur plaques daguerriennes, comme je l'ai annoncé.

On sait qu'en 1847 les procédés photographiques, si perfectionnés aujourd'hui, étaient très-incomplets et possédés par un très-petit nombre de personnes. Celui-ci était donc l'un des meilleurs à employer pour l'époque.

Je dirai aussi que la parfaite transparence de ces sortes de clichés me suggéra l'idée de les photographier à distance, c'est-à-dire d'en obtenir sur papier par le procédé de continuation des impressions positives de dimensions plus grandes que le négatif ou cliché. Les négatifs que je fis ensuite sur verre gélatiné, par la méthode que je décris dans le chapitre suivant, me permirent d'expérimenter plus en grand cette méthode de grossissement alors toute nouvelle ou au moins très-peu connue.

Je tentai encore deux autres emplois de ces feuilles gélatinées :

1° Ce fut d'en obtenir des moules en soufre ou en plâtre, ce qui me conduisit plus tard à des applications plus importantes (l'hélioplastie).

Voici comment, par ces premiers essais, j'obtenais mes moules : après avoir mouillé les feuilles de gélatine, elles se gonflaient dans toutes les parties où elles n'étaient pas recouvertes de cuivre, celles-ci formaient donc des creux qui donnaient des reliefs sur les moules, tandis que les parties gonflées s'y traduisaient en creux, etc. ;

2° Ce furent des tentatives d'encrage aux corps gras qui réussirent aussi et me conduisirent plus tard à l'invention de la photolithographie.

A cette époque, je fus forcé d'ajourner mes expériences pour occuper un emploi dans les salines de l'Est, et je ne pus les reprendre sérieusement que quelques années plus tard.

CHAPITRE III.

Do l'emploi de la gélatine dans la photographie sur verre.

Dès que j'eus connaissance du procédé de photographie sur verre albuminé, publié par M. Niepce de Saint-Victor, je l'expérimentai; mais je reconnus bientôt les difficultés d'application qu'il présentait pour en obtenir des résultats irréprochables. Or, je l'ai déjà dit, mon but étant d'arriver à la découverte de moyens pratiques, plutôt que de vaincre les difficultés de ceux déjà publiés, je pensai à l'emploi de la gélatine, dont la manipulation m'était devenue familière dans le cours de l'expérimentation des procédés que je viens de décrire.

En substituant la gélatine à l'albumine, je ne tardai pas à reconnaître que le procédé de sensibilisation préconisé par Talbot, et que M. Niepce de Saint-Victor indiquait pour l'albumine, ne pouvait être employé pour mon procédé, attendu que la gélatine se dissolvait dans les bains dits d'acéto-nitrate d'argent, à cause de la pré ·

sence de l'acide acétique. Il me fallut donc trouver de nouveaux moyens de sensibilisation ; le premier qui me réussit, fut bientôt abandonné par moi, à cause de sa lenteur. Il consistait à immerger la glace gélatinée dans de l'eau iodée, puis ensuite dans une dissolution faible et non acidulée d'acétate après la pose d'argent, et de développer à l'acide gallique. J'obtenais alors des épreuves dans l'épaisseur de la couche de gélatine; elles avaient un aspect de relief extrêmement remarquable, comme je n'en ai jamais rencontré depuis; mais, je le répète, la lenteur était désespérante.

Bref, je revins à la méthode de Daguerre, que je modifiai selon le nouveau subjectile que j'employais. Cette marche me fournit des résultats tellement surprenants, qu'au mois de mai 1850, M. Balard, membre de l'Institut, en fit l'objet d'une communication à l'Académie des sciences. Je me borne à extraire *in extenso*, des comptes rendus de l'Académie (1), le mémoire que je remis à cette époque, appuyé d'épreuves positives sur papier accompagnées de leurs clichés sur verre gélatiné.

Ce mémoire avait pour titre :

« *Photographie sur gélatine. Moyen d'obtenir des épreuves négatives très-nettes et très-transparentes, pouvant être reportées un grand nombre de fois sur le papier photographique ordinaire.*

» Pour former la couche de gélatine sur laquelle je fais mes clichés négatifs, je dissous dans 100 grammes d'eau

(1). *Comptes rendus,* 27 mai 1850, t. XXX, p. 647.

6 grammes de gélatine de bonne qualité (celle que l'on trouve dans le commerce, et qui sert à la préparation des gelées alimentaires, m'a le mieux réussi). Cette gélatine ne doit pas contenir de sels solubles dans l'eau ; elle doit être, le plus possible, privée de matières grasses. Pour faire la dissolution, je mets tremper la quantité de gélatine que je veux préparer, dans la proportion indiquée plus haut d'eau distillée, l'espace de dix à quinze minutes ; je chauffe lentement à la lampe à alcool, et j'agite continuellement jusqu'à ce que la dissolution soit complète. S'il s'est formé de l'écume, je l'enlève avec soin au moyen de morceaux de papier joseph que je promène à la surface ; je passe à travers un linge bien serré, mouillé à l'avance, et j'écume à nouveau la surface où il s'est formé quelques stries provenant, sans doute, de matières grasses qui ont échappé au premier écumage.

» La gélatine ainsi préparée, j'en prends, avec une pipette graduée, une quantité déterminée eu égard à la surface à couvrir ; je la coule sur une plaque de verre bien plane et placée horizontalement sur un support muni de vis calantes. La couche doit avoir au moins 1 millimètre 1/2 (1^{mm},50) d'épaisseur ; cette quantité équivaut à peu près à 20 centimètres cubes de dissolution pour une glace dite *demi-plaque*, c'est-à-dire 13 centimètres 1/2 (13^c,50) sur 17 centimètres 1/2 (17^c,50). Une épaisseur plus grande ne serait pas nuisible, mais une plus faible pourrait avoir des inconvénients.

» Avant de couler cette gélatine sur la plaque de verre, je prépare la surface de celle-ci par l'application d'une première couche de gélatine plus claire, au moyen d'un pinceau qui en est imprégné ; je chauffe légèrement au moyen de la lampe à alcool ; puis ensuite, je coule ma première dissolution, qui s'étend alors très-uniformément sur la plaque ; je chauffe de nouveau le dessous du verre pour rendre à la gélatine toute sa fluidité, et je l'abandonne au refroidissement, jusqu'à ce qu'elle soit prise en gelée consistante. — Ma plaque ainsi recouverte, je la plonge dans une dissolution d'acétate d'argent, de la manière suivante : je place la plaque debout, au bord de la cuvette, et je l'abaisse, la face gélatinée en dessous, jusqu'à ce que le liquide l'ait entièrement mouillée ; je la relève et la retourne aussitôt, et je l'immerge, la face gélatinée en dessus, dans le bain ; et pendant qu'elle y séjourne, je passe sur toute la surface, à plusieurs reprises et en tous sens, un pinceau très-doux pour chasser les bulles d'air qui pourraient y rester adhérentes, et avant de sortir la glace du liquide, je souffle fortement sur sa surface, afin de m'assurer qu'elle a été bien mouillée partout ; alors je la retire, et en la tenant un peu inclinée, je passe de nouveau sur toute sa surface le pinceau qui m'a déjà servi, en ayant soin, comme si l'on vernissait, de recouvrir le bord de la première trace, qu'il a laissée à son passage, par le bord de la seconde trace et ainsi de suite. J'essuie avec du papier joseph ou avec un linge le dessous de la plaque et je la

pose sur un plan bien horizontal, jusqu'à ce que la couche soit sinon sèche, au moins parfaitement ressuyée, ce
qui exige environ cinq à six heures.

» Je prépare ordinairement mes plaques le soir lorsque
je veux m'en servir le lendemain matin, et le matin,
celles qui doivent me servir à la fin de la journée. Il est
très-important qu'il ne reste aucune trace de liquide
libre à la surface de la plaque, lorsqu'on veut l'employer ;
car, à tous les endroits où il en existerait, la pellicule
sensible s'enlèverait. On doit faire toute cette préparation
à l'abri de la lumière solaire, et après l'application de
l'acétate d'argent, la plaque doit être tenue dans une
complète obscurité.

» La dissolution d'acétate d'argent dont je viens de parler, doit être préparée en faisant une dissolution saturée
d'acétate d'argent, à laquelle j'ajoute moitié de son volume d'eau. En admettant que cent parties d'eau dissol-
vent, à la température ordinaire, $0^{gr},5$ d'acétate d'argent,
si je veux préparer $0^{lit},750$ de la dissolution, je dissous
$2^{gr},5$ d'acétate de soude dans 15 centimètres cubes
d'eau ; puis, à part, je dissous $3^{gr},03$ d'azotate d'argent dans 10 centimètres cubes d'eau, et ensuite, je
mélange les deux dissolutions ; je reçois sur un filtre l'a-
cétate d'argent qui se précipite ; je lave à courte eau ce
précipité, puis je fais passer à plusieurs reprises sur le
filtre $0^{lit},50$ d'eau distillée : la presque totalité de l'acétate est dissoute ; j'ajoute ensuite $0^{lit},25$ d'eau pure à un
demi-litre de dissolution saturée d'acétate d'argent.

» Dans cette opération, il a dû se former 3 gr. d'acétate d'argent. Les 0 lit,75 ne doivent en contenir que 2 gr,50. Si j'en prépare un peu plus, c'est pour suppléer à ce qui s'en va dans l'eau des dissolutions et dans celles de lavage.

» L'acétate d'argent étant facilement altéré par la lumière solaire, je fais, autant que possible, cette dissolution dans un endroit peu éclairé. Je la conserve dans un flacon recouvert de papier noir, et je la filtre chaque fois que je dois m'en servir (1).

» Lorsque je veux opérer dans la chambre noire, j'expose la plaque préparée, comme il est dit ci-dessus, à la vapeur d'iode, de la même manière qu'une plaque daguerrienne ; seulement, pour cette exposition, on devra compter le temps, car on ne peut vérifier la teinte que prend la surface, comme on le fait pour la plaque daguerrienne ; toutefois, le temps est moins long que celui employé pour sensibiliser les plaques argentées.

« La glace ainsi iodée est placée dans le châssis de la chambre noire, le côté non gélatiné en regard du fond du châssis et recouvert d'un drap noir. Il est bon de mettre quelque temps d'intervalle entre le passage à l'iode et l'exposition au foyer de la chambre noire, car la

(1) Les oxysels d'argent et autres ne sont décomposés par la lumière qu'en présence des matières organiques ou d'autres sels ; ils ne le sont nullement dans l'eau pure ; mais il est toujours bon de tenir leurs dissolutions à l'abri de la lumière, parce que celles-ci renferment toujours quelques matières étrangères.

couche gagne ainsi en sensibilité. J'ai plusieurs fois
employé des plaques cinq ou six heures après le passage
à l'iode; elles n'avaient rien perdu de leur propriété
impressionnable.

» La sensibilité de ces plaques est d'environ quatre fois
moindre que celle des plaques daguerriennes préparées
à l'iode et au brôme. Pour un paysage bien éclairé et
avec un objectif de demi-plaque, et avec petit dia-
phragme, l'exposition dans la chambre noire peut exiger
de quatre-vingts à cent secondes. Les portraits à une belle
lumière diffuse et avec un objectif double de demi-plaque
à portraits exigent environ deux minutes. J'ai essayé
l'effet de la vapeur de brôme sur ces plaques, et j'ai reconnu qu'elle les rendait plus impressionnables ; mais je
n'ai pas assez fait d'expériences sur ce produit pour avoir
à ce sujet des données certaines (1).

» Après l'impression à la lumière, pour faire apparaître
l'image négative, je plonge la plaque de verre dans une
dissolution d'acide gallique contenant 0^{gr},1 d'acide gallique pour cent centimètres cubes d'eau, je laisse venir
l'épreuve jusqu'à ce qu'elle me paraisse assez intense,
ce qui demande de une heure à une heure et demie. Si
on employait une dissolution plus concentrée, ce développement serait moins long à se produire ; mais il se-

(1) C'est à l'époque de 1849 où je faisais ces recherches que le lecteur
doit se reporter. Il doit aussi me tenir compte de la mauvaise qualité des
objectifs qu'on rencontrait trop communément dans le commerce, et que
j'employais.

rait moins facile de régler l'action de l'acide gallique. Dans les premiers moments de l'immersion, il se forme une image positive à la surface de la gélatine; cette image devient de plus en plus sombre, mais vue par transparence, les parties qui correspondent aux noirs du sujet reproduit restent très-claires, tandis que les parties qui correspondent aux blancs deviennent opaques.

» Pour fixer l'épreuve négative, je la lave à l'eau ordinaire, je la laisse ensuite tremper pendant quinze minutes dans une dissolution d'hyposulfite de soude, à raison de 1 gramme pour 100 grammes d'eau; je la lave de nouveau à l'eau ordinaire, et je la plonge ensuite pendant le même temps dans une dissolution de bromure de potassium, faite dans la même proportion que celle d'hyposulfite (1).

» L'épreuve ainsi bien fixée, je la lave à l'eau ordinaire dans laquelle je la laisse même séjourner de quinze à vingt minutes, je passe ensuite à la surface de l'eau distillée, et je la laisse sécher complétement et spontanément à l'air libre.

» J'obtiens ainsi des épreuves négatives très-nettes, qui peuvent donner de très-belles épreuves positives sur le papier photographique ordinaire, au soleil, entre deux et dix minutes, selon la vigueur du négatif; à l'ombre, l'impression se fait aussi très-promptement, mais il est difficile d'en indiquer le temps.

(1) On remarquera que c'est le premier emploi qui ait été fait alors de l'hyposulfite de soude pour fixer les négatives sur verre.

» Il est nécessaire de renouveler à chaque opération les dissolutions d'acide gallique, d'hyposulfite de soude et de bromure de potassium.

» J'ai remplacé plusieurs fois, dans l'opération du développement de l'image, la dissolution d'acide gallique par une dissolution faible de sulfate de protoxyde de fer, et j'ai constamment obtenu de très-belles épreuves pouvant être vues positives par réflexion ou négatives en transparence indifféremment (1). »

Telle fut la communication que je fis à l'Académie des sciences, le 27 mai 1850, relativement à mes premiers travaux sur l'avantageux emploi que je venais de faire de la gélatine en photographie. Je n'y mentionnai pas deux autres procédés que cependant j'expérimentais alors, et qui ont naturellement été appliqués depuis en photographie. Je veux parler du grandissement des épreuves, que je ne communiquai à l'Académie que dans un mémoire postérieur, que je vais également transcrire ici; cependant j'avais déjà fait construire, dans l'intention d'une amplification sérieuse de mes clichés sur verre gélatiné, une chambre noire de deux mètres de tirage, et de 0,50 d'ouverture sur 0,40. La difficulté que j'éprouvais pour développer ces images sur papier négatif fut la seule cause de mon silence dans ce premier Mémoire; M. Balard peut se rappeler que je lui fis voir une amplification de son portrait que j'avais préala-

(1) C'est également le premier emploi qui ait été fait du sulfate de protoxyde de fer en photographie pour obtenir des positives par réflexion.

blement fait en petit sur gélatine ; le souvenir de ce fait, curieux pour l'époque, est également resté dans la mémoire de M. Becquerel. Je donne plus loin, page 42, la figure et la description de cette sorte de mégascope.

Le second procédé au sujet duquel je gardais semblablement le silence, c'était le report sur papier des images négatives obtenues sur verre ; voici a méthode que j'employais : après l'obtention complète, et pendant que la couche de gélatine était encore humide, ou bien, si elle avait été séchée, après une immersion assez longue dans de l'eau ordinaire pour gonfler la gélatine, j'appliquais à sa surface un morceau de papier humide coupé d'avance de la dimension de la plaque recouverte de l'image que je voulais transporter, et, après avoir laissé l'excès d'eau s'écouler, je chauffais le dessous de la plaque de verre pour fondre la gélatine humide, et j'enlevais avec précaution le papier à la surface duquel restait attachée la pellicule de gélatine portant le négatif, tel qu'il se trouvait préalablement sur la glace, mais redressé.

Ce procédé n'ayant point été dans le temps publié par moi, je laisse à tous ceux qui l'ont appliqué depuis, d'une manière ou d'une autre, tout l'honneur et tout le mérite de leur découverte.

CHAPITRE IV.

Nouveaux développements sur la photographie à la gélatine, tels qu'ils ont été présentés à l'Académie des sciences, dans un Mémoire subséquent du mois de juin 1851 (1).

Voici comment je m'exprimais dans mon Mémoire :

« Depuis que M. Balard m'a fait l'honneur de communiquer à l'Académie des sciences, dans la séance du 27 mai 1850, mon procédé de photographie sur gélatine, je me suis appliqué à rechercher les moyens de rendre la préparation de la plaque moins longue, et d'obtenir des résultats plus assurés.

» 1° *Du choix de la gélatine, de sa préparation et de son application en couche mince à la surface des planches de verre.*

» Toutes les gélatines transparentes que l'on trouve dans le commerce ne sont pas également bonnes pour la photographie : les unes renferment des traces de sels de fer (du chlorure de fer, sans doute), elles doivent être rejé-

---

(1) *Comptes rendus de l'Académie des sciences*, le 30 juin 1851, t. XXXII, p. 927.

tées, car elles sont colorées en noir par l'acide gallique ; les autres se prennent très-mal en gelée lorsqu'on les a dissoutes et coulées sur la surface des plaques.

» A la température de 12 à 15 degrés centigrades, température à laquelle j'ai opéré, depuis le mois de décembre 1850 jusqu'au mois d'avril 1851, voici les proportions de gélatine, d'iodure de potassium et de nitrate d'argent que j'emploie.

» Je prends 1 gramme de gélatine coupée en petits morceaux, je la mets dans une capsule de porcelaine avec 50 grammes d'eau distillée ; après une imbibition de dix minutes au moins, je fonds à une douce chaleur, j'écume, et j'ajoute à cette dissolution quinze gouttes d'une dissolution saturée et faite à l'avance d'iodure de potassium (14^{gr},30 d'iodure pour 10 grammes d'eau distillée), je mélange parfaitement avec une spatule de bois blanc, j'écume de nouveau, et si la gélatine me paraît impure, je filtre la dissolution à travers un linge. Plusieurs fois j'ai ajouté à cette dissolution, additionnée, comme je viens de le dire, d'iodure de potassium, quatre à cinq gouttes d'une dissolution d'iode dans de l'iodure de potassium faible ; cela m'a paru avantageux, mais ce n'est pas absolument nécessaire.

» Ensuite je prends, avec une pipette graduée, dix à douze centimètres cubes de cette dissolution de gélatine, je la coule sur la plaque de verre placée horizontalement sur un support à caler, et je chauffe légèrement à la lampe à alcool le dessous de la plaque pour que la gélatine conserve assez de fluidité pour être bien étendue au moyen d'une petite spatule; cela fait, je soulève la plaque par l'un de ses angles, je fais couler dans la capsule l'excédant de la gélatine, dont il ne doit rester que cinq centimètres cubes sur une surface de grandeur dite demi-plaque (13ᶜ sur 18ᶜ), puis je porte cette plaque sur une surface horizontale et froide, pour que la gélatine prenne en gelée consistante, sur un marbre par exemple.

» En réchauffant un peu la dissolution de gélatine qui reste dans la capsule, je prépare une nouvelle plaque, et ainsi de suite.

» Après dix ou quinze minutes de repos sur la table horizontale, la gélatine a pris assez de consistance à la surface du verre pour être utilisée; dans les jours très-chauds, quinze minutes ne suffiraient pas, parce que la dissolution de gélatine prend moins vite en gelée; dans ce cas, au lieu de 1 gramme de gélatine pour 30 grammes d'eau, j'en emploie 1 gramme et 1/2 et même 2 grammes.

» La mince couche de gélatine bien prise en gelée, je place la glace, comme une plaque daguerrienne, sur une boîte à iode ordinaire, la surface gélatinée regardant la boîte, pendant quatre à cinq minutes, si toutefois le dégagement d'iode est faible, car autrement je la laisserais moins, parce qu'il vaut mieux ioder faible que trop fort, l'acide gallique pouvant dans ce cas produire des taches sur l'épreuve lors du développement.

» 2° *De la sensibilisation de la couche.*

» La plaque étant iodée, je l'incline sur un bain de nitrate d'argent mis dans une bassine à fond plat; ce bain
est composé de 10 grammes de nitrate d'argent pour 100
grammes d'eau distillée; mais sans l'additionner préalablement d'acide acétique ni autre. Lorsque l'on aug-
mente la quantité de gélatine dans la dissolution dont
j'ai parlé, on doit diminuer celle de nitrate d'argent du
bain sensibilisateur. Pour 2 grammes de gélatine,
par exemple, dissous dans 30 grammes d'eau, on
réussit très-bien avec un bain de nitrate d'argent contenant 6 grammes de nitrate pour 100 grammes d'eau.
Il est très-important de conserver le bain sensibilisateur
dans un endroit frais à l'abri de la lumière, ou bien de
placer le flacon dans un vase rempli d'eau fraîche avant
de s'en servir. Il doit en être de même pour la dissolution d'acide gallique dont je parlerai plus loin. Pour bien
passer la plaque au nitrate d'argent, certaines précautions sont à prendre; la surface gélatinée étant tournée
en dessous, on pose l'une des extrémités de la plaque
contre un des côtés de la bassine, puis, en soutenant
l'autre extrémité avec un petit crochet en verre, on incline régulièrement la plaque sur le bain, jusqu'à ce
que le liquide en ait mouillé toute la surface, en prenant
garde que la surface gélatinée ne touche pas le fond de
la bassine; on relève la plaque qu'on retourne pour que
la surface de gélatine soit en dessus, et on l'immerge
complétement; l'immersion peut durer de dix à douze

secondes ; on retire alors la plaque, on essuie la surface non gélatinée, et on la place dans le châssis de la chambre noire, la couche de gélatine devant être tournée vers l'objectif, et on pose la planchette du châssis, afin de la bien préserver de la lumière.

» J'ai employé un autre mode d'immersion : je me sers pour cela d'un vase en verre ou en porcelaine, de la largeur de la glace, peu épais mais profond, enfin d'une forme telle qu'il ne contienne que peu de dissolution, et pour que l'on puisse simplement y glisser la plaque de verre ; ce moyen est même préférable au premier. Il est bon dans l'un et l'autre cas de filtrer la dissolution de nitrate d'argent chaque fois que l'on s'en sera servi.

» Si l'on doit conserver la planche de verre dans le châssis quelques instants avant de le porter à la chambre noire, celui-ci doit être placé dans une position horizontale.

» 3° *De l'exposition à la chambre noire, du développement à l'acide gallique et du fixage de l'épreuve.*

» Pour reproduire un paysage bien éclairé, et avec un objectif simple, on doit poser de une minute à une minute et demie. Pour obtenir un portrait avec un objectif double, la pose est à peu près la même. Je dois dire ici qu'avec la gélatine on peut employer toutes les substances accélératrices proposées jusqu'à ce jour, sauf l'acide acétique qui dissoudrait la gélatine, c'est-à-dire qui lui retirerait la propriété de prendre en gelée (1). J'ai

(1) Le lecteur devra, pour comprendre la raison de ces explications, se reporter au temps où ce travail a été publié : alors on n'expliquait pas en-

Toute cette partie de mon Mémoire a été insérée dans les *Comptes rendus de l'Académie des sciences* (1) et y occupe les trois pages d'impression que l'on accorde aux communications faites par les étrangers à l'Institut, mais il ne se terminait pas là : il contenait une seconde partie qui, avec la première, fut lue à l'Académie par M. Becquerel, qui avait bien voulu se charger de faire cette communication. Dans cette seconde partie, je décrivais l'emploi que j'avais fait de mes clichés sur verre gélatiné ; pour les tirer à distance et par transparence, en les amplifiant ou non, dans une chambre noire.

Voici au surplus le paragraphe qui traitait de cette application, nouvelle alors, mais qui, depuis, a pris une notable extension :

« 4° *Moyen de grossir à volonté sur papier, par impression immédiate ou par continuation les images négatives sur verre gélatiné.*

» La transparence parfaite des clichés que j'obtiens par la méthode que je viens de décrire, ainsi que ceux obtenus également sur gélatine au moyen des images daguerriennes, comme je l'expliquais dans une communication précédente (2), me donna l'idée de projeter sur un écran une image grossie, comme on le fait pour les objets microscopiques dans les microscopes solaires ou

(1) *Comptes rendus de l'Académie des sciences*, t. XXXII, p. 927 et suivantes.

(2) *Comptes rendus de l'Académie des Sciences*, t. XXVII, p. 13 et suivantes.

reconnu également qu'en ajoutant une faible proportion de gomme arabique à la dissolution de gélatine, la couche gagnait en sensibilité.

» L'exposition à la chambre noire étant terminée, j'enlève le châssis, que je rapporte dans le laboratoire à l'abri de la lumière, je retire la glace que je place sur un support horizontal, et je verse à la surface une dissolution d'acide gallique renferment $0^{gr},5$ d'acide gallique au plus, pour 100 grammes d'eau distillée; je laisse apparaître l'image jusqu'à ce que les noirs soient bien intenses et que le développement soit complet, et je fixe. Pour fixer l'épreuve, je lave la glace à grande eau, puis ensuite je la plonge dans une dissolution d'hyposulfite de soude jusqu'à ce que tout l'iodure d'argent, qui donne à la gélatine un aspect laiteux, ait disparu entièrement. Cette opération est assez longue, parce que le liquide pénètre lentement la gélatine; je lave ensuite dans un bain d'eau ordinaire, pendant une ou deux heures, pour bien enlever l'hyposulfite, puis je termine à l'eau distillée que je verse à la surface; j'abandonne enfin la gélatine portant l'image à une dessiccation spontanée.

» J'obtiens ainsi de très-beaux clichés négatifs sur verre, dont je me sers pour faire des tirages sur papier positif ordinaire. »

core le rôle précis que joue l'acide acétique en photographie; dans les négatifs sur papier, il sert à préserver les clairs, et pour les négatifs sur albumine il sert à coaguler celle-ci; on sait enfin qu'il diminue la sensibilité, etc.

les lenternes magiques, c'est-à-dire en interposant ces
clichés entre la lumière solaire ou un foyer lumineux et
un verre grossissant. Mes premiers essais furent faits sur
papier ioduré sensible, dit à négatif, que je traitais ensuite par l'acide gallique pour faire apparaître l'image ;
ces essais ayant réussi, je constatai la possibilité de ce
nouveau genre de tirage, et jugeant qu'il pouvait avoir
une grande importance, je fis exécuter une grande
chambre noire à laquelle j'adaptai la petite chambre
noire de demi-plaque qui me servait à produire mes
clichés ; je donne ci-après le croquis de l'ensemble de
l'appareil.

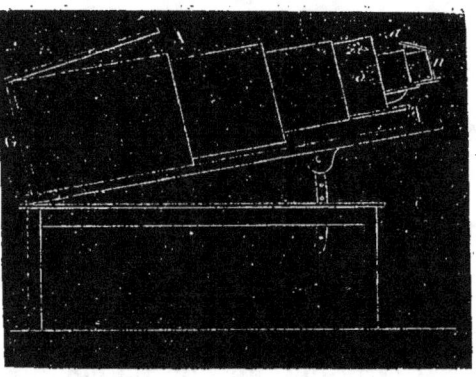

» Je tourne l'objectif double O, monté sur ma petite
chambre noire demi-plaque a, en dedans de la grande
chambre noire A, et le cliché à grossir est mis en C dans
le châssis de la petite chambre noire G ; en a, au talon
de la grande chambre noire A, est un verre dépoli qui
reçoit l'image plus ou moins amplifiée du cliché placé

en C, selon l'éloignement plus ou moins grand du cliché C à l'objectif O ; une ouverture à volet pratiquée en tête de la grande chambre noire, permet d'y introduire la main, afin de faire varier à volonté cette distance au moyen de la crémaillère de l'objectif O et du tiroir de la petite chambre noire C.

» Le tout était placé de manière à recevoir le plus de lumière possible, et autant que cela se pouvait en face du soleil. Après avoir mis l'image au foyer de l'objectif de la grandeur voulue, je substitue au châssis portant la glace dépolie G, un autre châssis à volet portant une feuille de papier sensibilisé, et après un temps d'exposition suffisant, je développe l'image à l'acide gallique et je la fixe comme il a déjà été expliqué plus haut. »

L'imperfection des procédés de photographie sur papier à cette époque, ne me permirent pas de montrer des images complètes ; il me manquait d'ailleurs beaucoup d'accessoires indispensables pour expérimenter sur d'aussi grandes dimensions, et d'un autre côté l'insuffisance de l'éclairage ne me permettait pas d'entreprendre des reproductions sur papier positif ordinaire.

Depuis cette époque, des brevets ont été pris, tant pour le principe de la reproduction photographique à distance des clichés négatifs avec ou sans grossissement, que pour des systèmes d'appareils propres à cet usage ; chacun sait que tout dernièrement le tribunal de police correctionnelle (6ᵉ chambre) a fait justice des prétentions incompréhensibles de l'un de ces inventeurs tard-venus.

Je n'ai fait aucune autre communication relative à cette application de la gélatine à la photographie, bien que je n'aie jamais cessé de m'occuper de l'emploi de cette substance éminemment utile, et qui même, si elle était appliquée d'une manière suivie, pourrait rivaliser avec toutes celles utilisées jusqu'ici et même avec le collodion, tant pour les négatifs que pour le tirage des positives sur verre et sur papier, et d'autant mieux que l'on peut s'en servir à l'état humide, longtemps après qu'elle a été préparée, et même à l'état sec.

J'indiquerai ici pour les expérimentateurs qui voudraient continuer mes recherches, les différents modes d'opérer qui m'ont également réussi.

Ayant remarqué que le mélange de l'iodure à la gélatine dissoute, diminuait la propriété qu'a cette dernière de prendre en gelée consistante, surtout lorsque j'opérais pendant les saisons chaudes, je l'ai appliquée seule et sans mélange d'iodure sur les glaces, et pour sensibiliser cette couche je suivais trois méthodes que je vais successivement détailler.

La première consiste à plonger la glace gélatinée dans une dissolution de 4 pour 100 d'acide chlorhydrique, à l'immerger ensuite, après l'avoir laissée se ressuyer spontanément à l'air, dans un bain de nitrate d'argent à 8 pour 100; cette préparation est très-sensible à la lumière, et permet d'opérer dans la chambre noire en moins d'une minute. Le développement s'effectue au moyen du protosulfate de fer acidulé avec de l'acide tartrique ; l'iodure de potassium peut aussi être employé de la même manière au lieu d'acide chlorhydrique.

La seconde méthode et celle qui m'a fourni les meilleurs résultats, c'est l'emploi d'une dissolution d'iodure d'argent dans le cyanure de potassium pour sensibiliser la gélatine. Je dissous donc cinq grammes d'iodure d'argent, au moyen de la plus petite quantité possible de cyanure de potassium, pour en former un bain d'un demi-litre environ ; j'immerge la glace portant la couche de gélatine dans ce bain, je la retire et la laisse se ressuyer, jusqu'à la disparition des traces du liquide de la surface, après quoi je plonge la glace dans une dissolution de nitrate de plomb très-légèrement acidulée par un acide quelconque (1) ; il se forme du cyanure de plomb insoluble, et l'iodure d'argent devient libre ; ces opérations préalables peuvent se faire en pleine lumière, car jusqu'à ce moment la couche n'est point encore sensible, et pour lui donner sa sensibilité, je me place à l'abri de la lumière et je recouvre la gélatine contenant l'iodure d'argent d'une dissolution de nitrate d'argent à 2 pour 100, et neutre, que je verse tout simplement sur la surface, ce qui dispense d'un bain et par conséquent de l'embarras des cuvettes. La couche ainsi préparée est excessivement sensible, et donne *en très-peu de temps* de très-beaux négatifs dans la chambre noire.

La troisième méthode est celle-ci : ayant reconnu

(1) Acétique, ou plutôt nitrique.

que le cyanure de potassium n'agit pas sur la gélatine ;
pour en diminuer la prise en gelée, je mélange ma dissolution d'iodure d'argent dans le cyanure, à la gélatine fondue, et j'opère comme dans le cas précédent pour la sensibilisation, c'est-à-dire en immergeant
la plaque dans un bain de nitrate de plomb, puis la sen-
sibilisant avec le nitrate d'argent faible versé à sa surface.

Ce qu'il y a de remarquable dans ces divers emplois
de la gélatine, c'est que tous les révélateurs connus peuvent être indifféremment employés pour faire apparaître
les images : cependant je dois avouer que j'ai toujours
préféré le protosulfate de fer acidulé par l'acide tartrique ;
ensuite je fais virer l'épreuve au chlorure d'or et la fixe
à l'hyposulfite de soude faible ou au cyanure de potassium. Les négatifs obtenus avec l'acide gallique ou pyrogallique comme révélateur, n'ont pas besoin d'être virés
au noir par le chlorure d'or.

L'un des grands avantages, comme je l'ai déjà dit,
de la gélatine sensibilisée, c'est de pouvoir l'employer
à l'état sec : il suffit pour cela de laver la surface aussitôt
après la sensibilisation et de la laisser sécher spontanément dans un endroit obscur. La sensibilité se conserve
très-bien, et l'impression se fait très-promptement dans
la chambre noire. La seule chose à observer avant de
développer l'image, c'est de bien laisser tremper la plaque dans l'eau distillée avant de la traiter par le protosulfate de fer. Il peut se faire que l'image n'apparaisse
pas aussitôt ; mais si l'on verse à la surface de la couche

de l'eau faiblement chargée de nitrate d'argent, on obtient immédiatement une très-belle image négative.

C'est aussi en mélangeant du nitrate d'argent à la gélatine que j'ai été mis sur la voie des procédés de photographie directe dans la chambre noire, c'est-à-dire de l'obtention d'images positives très-belles, et dont plus loin je donne le procédé détaillé.

La gélatine fut également employée par moi, pour le tirage des épreuves positives, soit sur verre soit sur papier, par l'action seule de la lumière. Les moyens que j'ai imaginés sont nombreux ; je ne les ai pas publiés, et je crois inutile de les détailler ici.

Je crois en avoir assez dit pour faire comprendre aux personnes désintéressées combien j'ai travaillé cette question de l'application de la gélatine, qui bien qu'ayant été essayée avant moi (1) n'avait pu être employée, parce qu'on lui appliquait sans la modifier en rien le procédé Talbot, c'est-à-dire la sensibilisation à l'acétonitrate. L'acide acétique doit être ici complétement supprimé, tandis qu'il est utile, pour ne pas dire indispensable, à la coagulation de l'albumine. Un des avantages que j'ai éprouvés de la suppression de l'acide acétique, c'est la plus grande sensibilité de ma couche impressionnée, chacun sait d'ailleurs maintenant combien l'acide acétique retarde le développement de l'image, retard auquel on doit suppléer par un excès de pose.

(1) *Manuel de Photographie*, par M. de Valicourt ; de la collection Roret. Édition de 1854 page 316.

CHAPITRE V.

Hélioplastie.

J'ai nommé hélioplastie le moyen d'obtenir par l'action de la lumière sur des surfaces gélatino-bichromatées des reliefs et des creux qui, moulés par la galvanoplastie, soit directement sur la gélatine elle-même, soit sur des empreintes en plâtre prises sur elle, donnent des planches gravées d'une finesse remarquable, et peuvent fournir ainsi des clichés pour la typographie ou des gravures en creux pour la taille-douce (1).

Au commencement de 1840, M. Mungo Ponton faisait déjà usage du bichromate de potasse pour préparer un papier sensible sur lequel il reproduisait, par la lumière, des dessins photographiques formés par l'oxyde de chrôme. (2) Peu de temps après, M. Edmond Becquerel, actuellement professeur de physique au Conservatoire des arts et métiers, employa l'action de la lun ère sur

---

(1) Brevet du 27 août 1855. — Communication faite à la Société française de photographie, le 20 février 1857.

(2) De Valicourt, Manuels Roret, 1843, p. 393, et 1851, p. 258.

l'acide chromique des bichromates alcalins, pour modifier l'amidon et lui enlever la propriété si connue de
se colorer en bleu sous l'action de la teinture d'iode ;
il constituait par ce moyen un excellent papier direct
pour copier des dessins ; ici le corps colorant était de
l'iodure d'amidon produit ultérieurement (1).

En 1853, à son tour, M. Talbot, cherchant un procédé de gravure photographique, utilisa comme réserve
la gélatine bichromatée, rendue moins perméable à
l'eau après qu'elle a été atteinte par la lumière à travers
un écran. Il faisait mordre ensuite ses planches d'acier
ou autres par le chlorure de platine en dissolution (2).

De mon côté, m'occupant depuis si longtemps des
diverses applications de la gélatine à la photographie,
j'avais déjà essayé d'utiliser son gonflement dans l'eau,
gonflement qui est d'environ six ou sept fois son volume primitif, et j'espérais toujours, comme j'y suis
parvenu, en obtenir par le moulage des reliefs et des
creux qui constitueraient de véritables gravures.

Dès 1848, en reportant sur des feuilles de gélatine
les clichés que j'obtenais de la plaque daguerrienne,
après avoir découvert la propriété qu'elle possède, impressionnée par la lumière et passée aux vapeurs de
mercure, de se recouvrir de cuivre par la pile galvanique,

(1) Voir les *Comptes rendus de l'Académie des sciences* de 1840,
t. X, p. 469.

(2) Voir les *Comptes rendus de l'Académie des sciences* de 1853,
t. XXXVI, p. 780.

comme je l'explique plus haut; j'avais remarqué que, toutes les fois que je mouillais la surface des feuilles de gélatine, les parties non recouvertes par le cuivre se gonflaient d'une manière assez régulière et étaient assez solides pour qu'on pût en obtenir des moulages en soufre; j'en fis immédiatement l'essai et j'obtins, en effet, des gravures assez satisfaisantes que je possède encore.

Je ne continuai pas ces essais, dont les résultats laissaient d'ailleurs à désirer et qui avaient le grave inconvénient de détruire mes clichés en gélatine.

En 1849, lorsque j'étudiais mon procédé de photographie sur gélatine que je publiai l'année suivante, je remarquais encore que mes négatifs, lorsqu'ils étaient terminés, portaient le dessin en creux dans les parties opaques; là l'idée me revint à nouveau de mouler ces surfaces pour en obtenir ultérieurement par la galvanoplastie des planches en cuivre gravées; mais, trop souvent éloigné de mon laboratoire par les obligations de ma profession d'ingénieur civil, je ne pus qu'en 1854 en poursuivre la réalisation sérieuse.

A cette époque, ayant reconquis quelques instants de loisir, je recouvris d'une couche de gélatine, additionnée de bichromate de potasse, quelques planches métalliques, non dans le but d'obtenir des réserves comme M. Talbot, et y appliquer ensuite un mordant, mais bien

---

(1) *Comptes rendus de l'Académie des sciences*, t. XXX, p. 647.

pour étudier sur elles les dépôts galvaniques, comme je l'avais déjà fait quelques années auparavant sur les plaques daguerriennes.

Je plongeai d'abord une de ces planches, préalablement impressionnée par la lumière, à travers un cliché négatif, dans un bain galvanoplastique de sulfate de cuivre, et je remarquai que le dépôt de cuivre se produisait d'une manière très-nette sur les parties non insolées, et en outre que, dans ces parties, la gélatine se gonflait d'une manière très-régulière et formait des reliefs, et qu'au contraire elle formait des creux plus ou moins profonds dans les endroits insolés, selon l'intensité plus ou moins grande de cette insolation; j'en conclus immédiatement la possibilité d'arriver par ce moyen à la gravure héliographique que j'avais entrevue depuis longtemps.

Je répétai plusieurs fois ces expériences, soit en plongeant mes plaques dans l'eau, soit en les mouillant à la surface, et je fus de plus en plus frappé de la netteté et de la régularité des reliefs et des creux ainsi produits par la lumière. Il me fallut alors chercher des moulages convenables, le soufre, comme je l'ai déjà dit, et la cire furent d'abord employés, mais ils endommageaient la gélatine qui se fondait toujours un peu; mais le plâtre très-fin, que les mouleurs nomment albâtre, me produisit d'excellents moules qui me permirent de produire ensuite par la pile galvanique des planches de cuivre en relief, d'après des négatifs de photographie, et en creux si je faisais mes insolations à travers des positifs quelconques; plusieurs mois s'écoulèrent à répéter ces essais au moyen de gravures ou de dessins formés de hachures, de lignes ou de traits. Quant aux dessins photographiques d'après nature, ou les rondes-bosses, ils donnaient, si la couche de gélatine était suffisamment *épaisse*, des surfaces inégalement ondulées, selon la quantité de lumière qui avait traversé les diverses parties du cliché servant d'écran négatif ou positif. On pourrait, dans ce cas, ce que je n'ai fait qu'à titre d'essai, avec de la cire blanche, obtenir des moules en plâtre pour le moulage des porcelaines, et produire ce que l'on appelle des lithophanies (1). Si, au contraire, la couche de gélatine *est mince*, on obtient une gravure que l'on peut imprimer dans le genre de l'aqua-tinta.

Je vais indiquer maintenant les formules qui m'ont bien réussi dans mes diverses opérations.

La gélatine dont je me sers doit être blanche et de première qualité, je n'ai point essayé la gélatine commune; je la coupe par petits morceaux et la mets tremper dans de l'eau distillée. J'en fais fondre à la lampe à

(1) Les lithophanies sont des plaques minces en porcelaine, dont l'une des faces est plane, et dont l'autre est fouillée plus ou moins profondément, de sorte que la lumière, en traversant ces plaques, fait apparaître en blanc les parties les plus minces, et les plus épaisses en noir plus ou moins intense. Ces dessins offrent toutes les dégradations de tons du noir au blanc; les gravures hélioplastiques sur plâtre que l'on obtient par le procédé ici décrit sont tout à fait propres à fournir de semblables plaques en porcelaine que jusqu'à présent l'Allemagne nous a fournies.

alcool ou au bain-marie une quantité proportionnelle à l'épaisseur que je veux donner à la couche, et je l'additionne de bichromate de potasse dissous préalablement dans l'eau; ensuite je verse ce mélange, sur une plaque de doublé nettoyée avec soin à l'alcool et à la craie, ou même sur une glace ou toute autre surface ayant subi le même nettoyage et posée parfaitement de niveau, et je laisse sécher spontanément à l'abri de la lumière et de la poussière.

Je procède alors selon le genre de gravure que je veux obtenir, de la manière suivante :

1° *Pour les planches en creux dans le genre des gravures à l'eau forte :*

La couche de gélatine doit avoir une très-faible épaisseur; $0^{gr},4$ à $0^{gr},5$ de gélatine mise à gonfler, puis dissoute dans le moins d'eau possible (celle nécessaire seulement pour pouvoir l'appliquer en couche régulière sur la surface à préparer), suffisent pour chaque décimètre carré de la surface à préparer. Après la fusion, qui doit se faire au bain-marie, on additionne la gélatine de quelques gouttes d'une dissolution concentrée de bichromate de potasse; une trop grande quantité de ce sel produirait des cristallisations et par suite des piqûres dans l'épaisseur de la couche pendant sa dessication spontanée. Après que cette couche bichromatée a été séchée dans l'obscurité, on l'impressionne à la lumière à travers le dessin que l'on veut reproduire, ce qui a lieu dans l'espace de quelques minutes au soleil. On fait

alors tremper la plaque dans de l'eau ordinaire, et lorsqu'on l'en retire, on voit toutes les parties qui n'ont pas
été impressionnées se gonfler, tandis que les parties
atteintes par la lumière n'absorbent pas d'eau et restent
en creux ou comme en tailles gravées.

Pour obtenir, au moyen de cette couche gravée par
l'action seule de la lumière et de l'eau, des planches en
cuivre destinées à l'impression, j'ai employé deux procédés :

Le premier consiste en un moulage en plâtre, de la
surface de gélatine impressionnée et imprégnée partiellement d'eau, comme je le dis plus haut, et de faire sur
celui-ci un surmoulage en gutta-percha, mélangée de
cire et de résine, lequel moule je métallise et mets à
la pile galvanoplastique.

Le second consiste à métalliser la surface même de
la gélatine portant la gravure photographique et à la
soumettre ensuite directement à la pile galvanoplastique.

Pour mouler en plâtre, on recouvre la surface de gélatine portant l'image et gonflée partiellement, d'une
dissolution faible de sulfate de protoxyde de fer, dans le
but d'éviter l'adhérence du plâtre à la gélatine, le sulfate de protoxyde de fer donnant en outre de la résis-
tance à celle-ci ; ensuite on lave à l'eau ordinaire, on
fait égoutter le plus possible le liquide, on entoure la
plaque de réglettes, et on coule le plâtre gâché serré,
mais très-fin, et on chasse les bulles d'air avec un pin-

ceau que l'on promène en tous sens dans le plâtre liquide, et lorsqu'il est pris, on enlève les réglettes et
l'on met la surface du moule au contact d'une faible
couche d'eau, dans une cuvette, et, par l'action de la
capillarité, une certaine quantité de liquide pénètre dans
l'épaisseur du plâtre et va jusqu'à la gélatine où elle
ne pénètre plus et fait que les deux surfaces se sépa-
rent avec une très-grande facilité sans s'endommager
ni l'une ni l'autre. Si on veut faire plusieurs moules,
comme il arrive souvent, on lave à grande eau la surface de gélatine, on la recouvre de nouveau d'une dissolution de sulfate de fer, on lave et on procède à un
second moulage en plâtre et ainsi de suite ; on peut obtenir ainsi un grand nombre d'empreintes identiques les
unes aux autres.

Lorsque je veux surmouler le plâtre, j'applique celui-ci par le dos, c'est-à-dire le côté opposé à la gravure,
sur une faible couche d'eau, comme il est dit plus haut,
de manière à obtenir une humidité superficielle sur le
côté gravé, qui alors prend un aspect luisant ; je le retire de la cuvette, je l'entoure de réglettes, puis je coule
à la surface un mélange fondu à la température d'environ 100° centigrades, et composé da gutta-percha, de
cire jaune et de résine, dans les proportions de deux
parties de cire, une de résine et une de gutta-percha,
ou bien même un mélange de moitié cire et moitié résine
seulement.

Après la prise de cette couche de mastic et un refroidissement convenable, le moule se détache très-bien du plâtre, dont il a pris une contre-empreinte parfaite.

Je métallise ces moules au moyen d'une dissolution de phosphore faite dans de l'éther et du sulfure de carbone que je verse et passe rapidement sur la surface, je plonge cette surface ainsi recouverte ou le moule tout entier dans une dissolution de nitrate d'argent à dix pour cent; il se forme dans cette opération une légère couche d'argent réduit, propre à recevoir le dépôt métallique de la pile galvanoplastique.

J'ai aussi métallisé les mêmes moules en les recouvrant de collodion ioduré, tel qu'on l'emploie en photographie, sensibilisé ensuite, comme s'il s'agissait de faire un négatif dans la chambre noire, j'expose le tout à la lumière solaire ou diffuse pendant quelques instants et je forme enfin la couche métallique en réduisant l'argent au moyen d'une dissolution de protosulfate de fer; comme la première, elle est conductrice de l'électricité et très-propre à recevoir le dépôt métallique de la pile.

J'ai même métallisé ces moules, simplement par la plombagine et obtenu de bons résultats.

Pour le dépôt galvanique à obtenir, on opère par les moyens connus, c'est-à-dire qu'on met dans un bain de sulfate de cuivre le moule métallisé, en communication avec le pôle négatif d'une pile, et, après un certain temps, selon l'épaisseur que l'on désire, on obtient une planche de cuivre sur laquelle tous les traits du dessin se trouvent gravés en creux, mais dans le sens de celui du cliché positif qui a servi à impressionner la couche de gélatine, et qui, à l'impression à l'encre grasse et à la presse, fournit une épreuve en sens inverse. Il faut donc bien observer le résultat auquel on veut parvenir pour faire son cliché direct ou négatif dans la chambre noire. Dans le cas présent, il a dû être produit en sens inverse du dessin original que l'on veut graver ; en un mot, il faut employer pour impressionner la couche gélatino-bichromatée, une épreuve positive photographique tirée en sens inverse.

La première planche en creux dont je donne ici le spécimen a été ainsi obtenue.

2° *Pour les planches en relief dans le genre des clichés employés en typographie.*

La couche de gélatine doit avoir plus d'épaisseur que dans le cas précédent, une quantité de 0 gram. 8 à 1 gramme par décimètre carré de surface est la proportion, une plus grande épaisseur donnerait des reliefs plus forts, mais alors la surface de la couche ne serait plus assez plane pour être encrée convenablement, ce ne serait plus utile que pour la lithophanie. La gélatine étant dissoute comme il a été dit, dans la quantité d'eau nécessaire seulement pour pouvoir en recouvrir la surface que l'on se propose de préparer, est coulée, sans addition de bichromate, sur les plaques de verre destinées à servir de support à la couche ; ces plaques sont ensuite posées sur une surface bien horizontale sur la-

quelle on les laisse jusqu'à la prise en gelée consistante
de la gélatine. On fait sécher spontanément ou bien
dans une étuve. On peut préparer à la fois une certaine
quantité de ces plaques. Lorsqu'il s'agit de les sensibi-

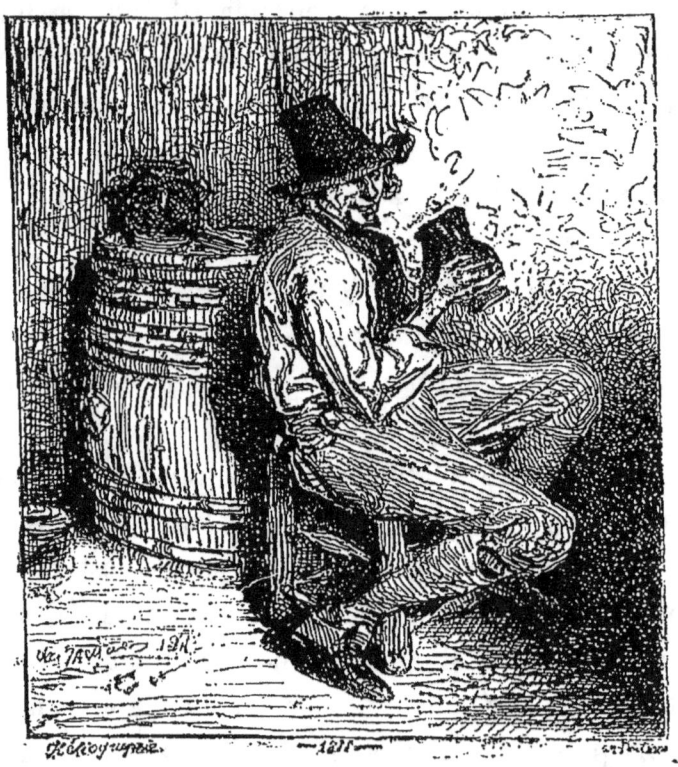

liser, on les prend une à une et on les plonge séparément dans une dissolution concentrée de bichromate de
potasse, on y laisse chacune pendant cinq minutes au
minimum, et dix minutes au maximum, de manière à
en bien imprégner la couche de gélatine, on la retire et

on la lave rapidement dans l'eau ordinaire pour enlever l'excès de bichromate qui est à la surface, et on la laisse sécher à nouveau spontanément, et cette fois dans l'obscurité. On peut à volonté s'en servir, soit immédiatement après dessication, soit plusieurs jours après ; il ne faut cependant pas trop attendre, parce que le bichromate agissant chimiquement sur la gélatine, *même dans l'obscurité*, la gélatine peut perdre entièrement, ou du moins en partie, la propriété de se gonfler dans l'eau.

On peut sans inconvénient diminuer le temps qu'exigent ces préparations, c'est-à-dire se borner à une seule dessication au lieu de deux ; pour cela, après avoir coulé et laissé prendre en gelée, la couche de gélatine, comme il a été expliqué plus haut, on peut la plonger aussitôt dans la dissolution concentrée de bichromate de potasse, la laver rapidement à l'eau ordinaire pour enlever l'excès du sel qui est à la surface, et qui pourrait cristalliser pendant le séchage, qui se fait comme dans le cas précédent, c'est-à-dire spontanément et dans l'obscurité.

On peut encore, comme je l'ai reconnu depuis, éviter le grave inconvénient qui survient lorsqu'on veut avoir après dessication des couches épaisses, et qui résulte des cristallisations du bichromate sur la couche, lorsqu'on l'ajoute immédiatement à la gélatine. Au lieu d'employer le bichromate seul, on lui ajoute une substance qui le rend incristallisable, par exemple de l'aloxantine. On en fait une dissolution aqueuse, saturée à froid, et on la mélange à un volume égal de celle de bichro-

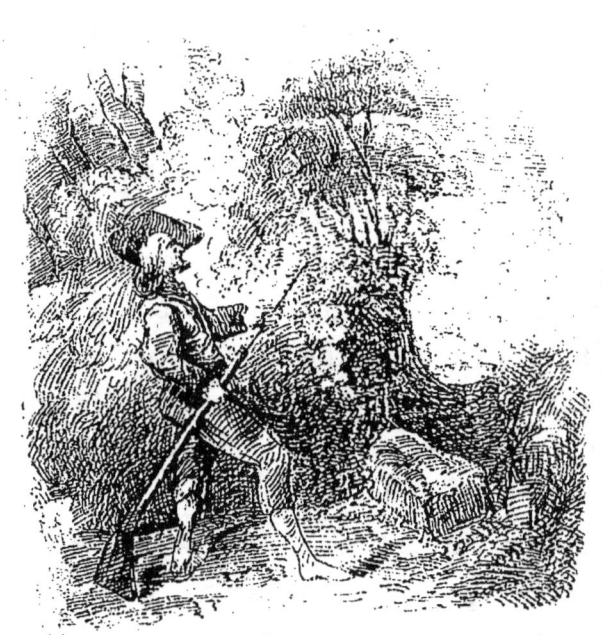

mate de potasse. L'expérience apprendra la quantité juste du mélange à ajouter à la gélatine dissoute, n'ayant point cherché dans mes expériences à la préciser, car j'ai reconnu une grande latitude dans son emploi; je dirai seulement, comme principe, qu'il en faut très-peu pour produire le résultat désiré.

Quel qu'ait été le mode que j'ai suivi pour la préparation de mes plaques, lorsqu'elles sont sèches et qu'on désire les impressionner, on les soumet à la lumière sous un négatif photographique du dessin ou de la gravure, ou de toute autre image que l'on veut reproduire. Si c'est un cliché négatif, il doit pour le mieux être sur glace, très-net et très-vigoureux. L'exposition aux rayons solaires doit être suffisamment prolongée, afin que la gélatine bichromatée soit pénétrée très-profondément c'est-à-dire jusqu'à la surface du verre ou de la plaque métallique qui lui sert de support, autrement on aurait une gravure en relief dont les différents traits ne se trouveraient pas sur le même plan. C'est pour cette raison qu'il suffit que les couches aient l'épaisseur rigoureusement nécessaire pour produire le relief des tailles serrées ; attendu qu'après le moulage on creuse les grands blancs au grattoir ou à l'échoppe, soit sur le moule en plâtre, soit sur la reproduction galvanoplastique ou planche en cuivre. Avec un bon cliché négatif, l'exposition peut être, au soleil et par une belle lumière, d'environ quinze minutes ; d'après cette indication, on se règlera pour opérer à la lumière diffuse.

La couche de gélatine bichromatée, après son insolation porte un dessin en brun, c'est de bon augure quand il est bien prononcé ; on doit ensuite plonger la plaque portant ce dessin dans une cuvette contenant de l'eau ordinaire, mais il est nécessaire auparavant de lui laisser prendre la température ambiante, si elle s'est échauffée au soleil. Le gonflement des parties non modifiées par la lumière se fait alors dans l'eau que l'on a soin de renouveler plusieurs fois, parceque le bichromate non décomposé s'y dissout et doit être enlevé de la couche. Lorsque l'on juge que les parties non impressionnées de la gélatine se sont complétement gonflées dans l'eau, on procède au moulage, comme je l'ai déjà dit plus haut, pour la gravure en creux et de même encore pour les contre-moulages en gutta-percha et pour ceux en cuivre par la galvanoplastie. Je puis également, comme dans les cas précédents, faire déposer directement le cuivre sur la gélatine après l'avoir métallisée ; mais il n'y a pas d'avantage, car on n'aurait qu'une empreinte unique, qu'on aurait de la peine à retoucher, tandis que l'on peut facilement sur le moule en plâtre creuser les blancs, afin de leur donner la profondeur convenable pour qu'ils ne soient pas atteints par l'encre d'impression. La planche en cuivre que l'on obtient par l'un ou l'autre moyen est fixée ensuite sur un bloc en bois dur, afin de pouvoir l'intercaler pour être imprimée à la manière ordinaire de la typographie ; les deux spécimens intercalés dans le texte de cette description, ont été obtenus ainsi.

Si la couche n'est pas épaisse, la gravure en relief est faible ; on peut par un contre-moulage en faire une planche pour l'impression en taille-douce, c'est un moyen d'obtenir une planche en creux d'après un cliché négatif ; le second spécimen que je donne ici a été obtenu ainsi.

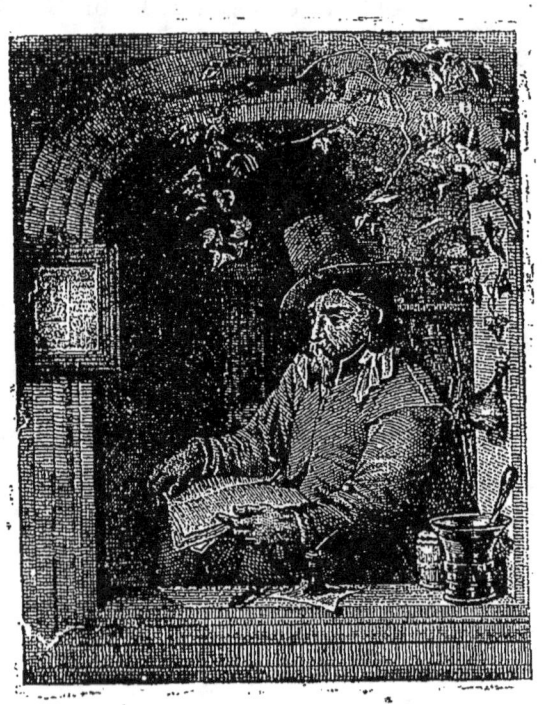

Je puis encore faire une autre application des reliefs ou des creux produits sur les couches de gélatine ; je veux parler de l'encrage direct avec un corps gras, que l'on peut effectuer pour faire des reports, soit sur une pierre, soit sur un métal. Les traits en relief qui se forment après le gonflement de la gélatine dans l'eau, peuvent recevoir de l'encre grasse dite de report, que l'on décalquera sur une pierre lithographique pour en tirer autant d'épreuves que l'on voudra. Si c'est un cliché négatif qui m'a servi, je puis aussi après le gonflement appliquer immédiatement, au rouleau, une couche gommeuse suffisamment consistante sur les blancs du dessin et en faire le report sur la pierre ; mais je fais observer que de toute nécessité, pour ce cas, il faut que la couche de gélatine ait été appliquée sur une planche mince de métal et non sur une glace, comme pour ceux du moulage.

J'obtiens également des gravures sur gélatine, mais sans cliché, en écrivant ou dessinant, sur une surface sèche de gélatine pure, avec une dissolution de bichromate de potasse et en exposant à la lumière ; tous les traits restent en creux après l'action ultérieure de l'eau.

Ou bien en dessinant avec une dissolution saline et métallique quelconque, sur une couche sèche de gélatine bichromatée, il s'est formé dans ce cas un chromate métallique qui n'agit pas sur la gélatine pendant l'insolation, alors les traits se gonflent ensuite sous l'influence de l'eau.

Ainsi que je l'ai dit précédemment, mes procédés d'héliographie ont été publiés en 1855 ; des spécimens du procédé ont figuré à l'Exposition universelle de ladite année, et un brevet, que j'ai plus tard abandonné

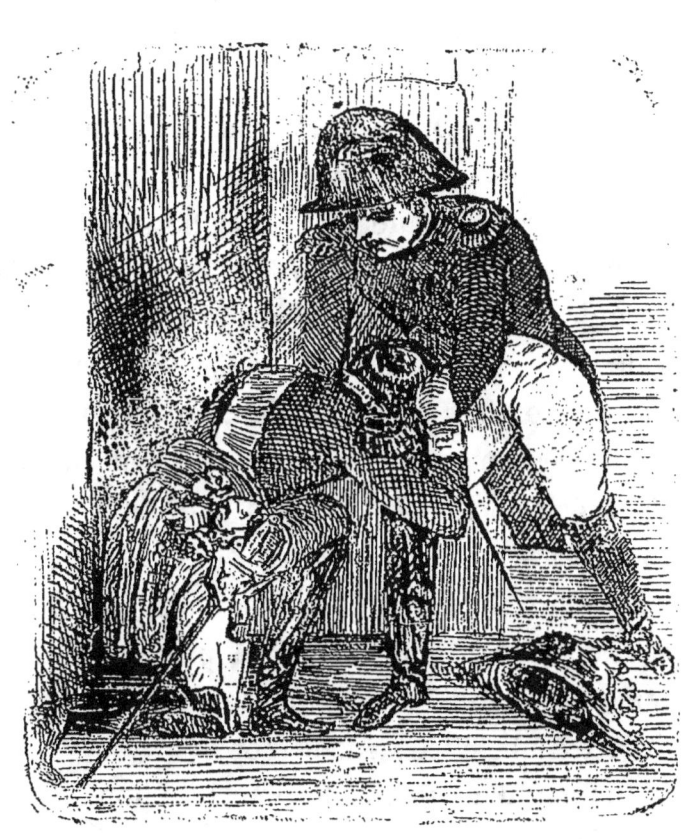

volontairement pour me livrer exclusivement à la photolithographie, avait été pris par moi à cette époque (1).

Un fait doit être noté ici pour éviter toute espèce de confusion: M. Pretsch, Autrichien d'origine, et qui a fixé à Londres son domicile, avait pris au mois de juin de la même année 1855, en Angleterre et en France, un brevet pour un procédé de gravure au moyen de la gélatine bichromatée. D'une part, son brevet n'était point encore publié lorsque je pris le mien (juin et août), et d'une autre part, quand la publication en fut faite, je reconnus que son mode d'opérer était complétement l'opposé du mien, c'est-à-dire que M. Prestch dissolvait dans de l'eau tiède acidulée, les parties de la couche non impressionnées par la lumière, tandis que dans mon procédé je les conserve et je les gonfle pour obtenir des reliefs précisément où M. Pretsch obtient des creux. On m'a assuré que son procédé était très-incomplet à l'origine et qu'il l'a complété plus tard, aux dépens du mien, sans aucun doute, car il a pris en décembre de la même année 1855 une addition à son brevet, et cette addition est à la lettre le mode d'opérer que j'avais breveté au mois d'août sous le nom d'hélioplastie, et qui fait l'objet de ce chapitre.

La loi sur les brevets donne bien aux brevetés la priorité d'addition pendant tout le cours de la première année à dater de la prise de leur brevet, pourvu que l'ad-

(1) Brevets d'invention, 27 août 1855.

dition repose sur le même principe que le brevet principal. Mon procédé et celui de M. Pretsch ne sont pas dans ce cas : ils reposent, comme je l'ai expliqué, sur deux principes diamétralement opposés ; le mien étant ici tombé dans le domaine public, chacun pourra donc sans crainte l'appliquer. Mes premiers essais dont je donne

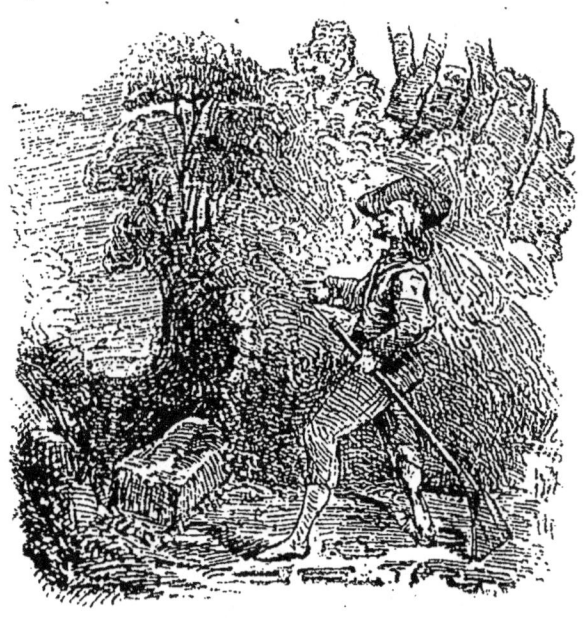

des spécimens tant en relief qu'en creux sont, je crois, assez encourageants pour engager les expérimentateurs à continuer ce procédé, afin d'en tirer industriellement parti. J'insiste à dessein sur ce point, parce qu'il est très-probable que M. Pretsch ou les cessionnaires de ses brevets se servent du principe (le gonflement proportionnel de la gélatine non influencée), que j'ai observé, appliqué et décrit le premier, et qu'ils viendront avec des épreuves obtenues par mon procédé concourir en 1864, pour le prix que M. le duc de Luynes a créé pour récompenser le meilleur moyen d'impression photographique par les presses mécaniques. Ce prix qui devait être décerné en 1860, a été remis par la commission à l'année 1864.

CHAPITRE VI.

1° Photolithographie ou lithophotographie. Application par la photographie des corps gras ou encres d'imprimerie sur papier, pierre, etc. 2° Impression au charbon et autres couleurs inertes, donnant ainsi des images inaltérables sur papier, sur métal et sur bois pour la gravure, et sur verre, porcelaine, etc., pour y être fondues.

J'ai nommé photolithographie le moyen, que j'ai découvert, d'encrer régulièrement, à l'encre grasse, des épreuves photographiques sur papier et sur pierre, afin d'en tirer, par l'impression ordinaire, des épreuves à un nombre au moins égal, et sans altération, à celui que peut donner un dessin produit au crayon sur une bonne pierre lithographique.

Ce moyen, ainsi que celui relatif à l'application des couleurs quelconques, est basé sur l'insolubilité qui est communiquée par la lumière aux corps gommeux ou mucilagineux additionnés de bichromates alcalins ou terreux.

Mes études suivies sur la propriété de tous ces corps,

mes essais et mes travaux nombreux, dont j'omets ici
certes une bonne partie, m'ont conduit, je crois, à l'é-
puisement complet de la question ; ce qui précède et ce
qui suit, dont presque tout a été l'objet de communications aux diverses sociétés savantes, en sont une preuve
irréfragable.

1° *Impression aux substances charbonneuses et autres.*

Après avoir essayé et appliqué, sous diverses formes,
comme je viens de le décrire, l'action de la lumière sur
a gélatine bichromatée, je résolus d'entreprendre les
mêmes expériences sur des mélanges de bichromate et
d'albumine, de gomme arabique, de sucre, d'empois,
d'amidon, etc.

Dans les premiers mois de 1855, je constatais que
toutes ces substances, par suite de l'action de la lumière
sur l'acide chromique, des bichromates ou chromates,
qui leur étaient mélangés perdaient leur solubilité dans
l'eau ordinaire, *même tiède ;* aussitôt je mis à profit cette
remarque et je conçus l'idée de les appliquer sur le papier en les additionnant de substances colorantes insolubles, telles que le charbon, les couleurs en poudre ou
délayables dans l'eau, les émaux en poudre, etc., afin
de produire des images photographiques positives inaltérables, sous des négatifs, comme on le fait au moyen
des sels d'argent.

J'appliquais sur des feuilles de papier fort une couche
uniforme du mélange coloré et, après dessication spontanée ou artificielle dans l'obscurité, j'impressionnais ce

papier pendant quelques minutes à la lumière solaire ou diffuse à travers un cliché négatif, et après l'insolation, je le soumettais à un lavage à l'eau ordinaire, froide ou tiède, selon la substance organique employée ; alors les parties non impressionnées se dissolvaient et le dessin en couleur inerte apparaissait, retenu et emprisonné par la matière organique devenue insoluble dans toutes les parties qui avaient subi l'action de la lumière et dans la proportion exacte de la quantité d'insolation.

Les épreuves au charbon produites par cette méthode, tant par moi que par M. Pouncy et autres, manquaient de demi-teintes ; cela provenait de ce que l'on était obligé d'employer une couche d'une certaine épaisseur pour ménager les blancs, et que la solidification produite par la lumière partant de la surface, la partie solidifiée dans les demi-teintes se trouvait minée en dessous lors des lavages subséquents et s'en allait en partie. J'avais parfaitement reconnu la cause de cette imperfection, puisque j'avais eu à lutter contre le même inconvénient dans l'application des corps gras sur pierre lithographique. Pour la photolithographie, que je décris plus loin, j'étais arrivé à n'employer que des couches de matière organique sans épaisseur, à la surface du moins, la pierre étant poreuse la partie absorbée et non solidifiée par la lumière peut s'en aller, sans ici entaîner les particules de corps gras retenues à la surface à l'endroit des demi-teintes. Si j'avais dès le principe pratiqué autant l'impression directe au charbon

que la photolithographie, je puis dire, certain d'être
cru sur parole, que j'aurais attaqué la couche par en
dessous, ou seulement profité de la superficie portant
l'image, comme l'a fait en 1860 M. Fargier. C'est un tour
de main très-heureux qu'il a apporté à mon procédé ; mais
l'idée n'est pas de lui, car M. l'abbé Laborde l'avait eue
dès 1858 (1).

2° *Impression à l'encre grasse.*

J'avais reconnu aussi, et presqu'en même temps,
l'autre propriété de ces mêmes substances de retenir
l'encre grasse dans certaines conditions que je vais décrire ; je dus négliger momentanément le premier procédé pour m'appliquer au second, qui paraissait comme
ayant un très-grand avenir. — Je vais donc l'expliquer
dans tout son entier, avec les tours de main et les perfectionnements qu'une pratique de deux ans, comme
imprimeur, m'a enseignés.

En appliquant au tampon de l'encre grasse, celle
d'imprimerie par exemple, sur la surface entière des
feuilles de papier préparées comme il vient d'être dit,
avec les matières organiques sus indiquées et addition-
nées d'un bichromate alcalin quelconque, mais sans
mélange de corps colorants, et après l'action partielle de
la lumière à travers le cliché, je constatai que l'encre
grasse ne restait adhérente qu'aux parties devenues insolubles, et par conséquent, lorsqu'on en venait au lavage dans l'eau, la surface présentait un dessin *assez*

(1) Bulletin de la Société de photographie, août 1858.

parfait pour que plusieurs épreuves obtenues par ce procédé aient été admises à l'exposition universelle de 1855.

Il est bon de faire remarquer ici que le jury de cette exposition avait établi une section spéciale pour les produits à bon marché et que ce procédé, qui, plus tard, fut complété par son application à la lithographie, était l'un de ceux qui allait le plus directement à ce but.

Avant de décrire la photolithographie, qui sera le complément des deux premières parties de ce chapitre, je dois faire remarquer que plusieurs opérateurs distingués, tant en France qu'à l'étranger, ont su tirer très bon parti de ces premiers essais et, avec de très-faibles modifications, ont obtenu des résultats très-remarquables, ce qui prouve en faveur de leur aptitude, de leurs soins et de leur adresse.

MM. Garnier et Salmon, photographes à Paris, Pouncy à Londres, et Testud de Beauregard, amateur distingué, se présentaient en 1859 au concours ouvert à la Société française de photographie, pour le prix offert par M. le duc de Luynes à la meilleure impression photographique indélébile.

Ces messieurs présentaient leurs procédés sous les noms d'impression au carbone, au chromo-carbone, etc., ils furent admis au concours, où je ne m'étais pas présenté, et obtinrent des portions du prix dont la commission me décerna la première médaille.

Cette commission, nommée par la Société de photo-

graphie, reconnut, sans que je fusse là pour le lui indiquer, puisque, je le répète, je ne m'étais point présenté,
que les divers procédés proposés par les concurrents n'é-
taient que des dérivés peu modifiés du mien, c'est-à-
dire des réactions que j'avais appliquées et fait connaître
par plusieurs spécimens, ce qui me valut, de la part de
cette commission, d'être proposé pour la médaille d'or,
dont la valeur fut pour moi d'autant plus grande qu'elle
prouve l'impartialité de cette commission, qui, tout en
reconnaissant, comme moi, les efforts faits et les résultats obtenus par MM. Garnier et Salmon, Pouncy, et
Testud de Beauregard, a reconnu dans mes travaux antérieurs l'idée mère de leurs applications fructueuses (1).

Plus récemment, M. Fargier, de Lyon (2), vient d'u-
tiliser les couches épaisses de gélatine bichromatée et
mélangée de poudres charbonneuses, pour obtenir ainsi
des impressions très-belles et très-fines, mais d'un emploi très-délicat et par conséquent coûteux, par suite
des insuccès, du temps perdu et d'une production li-
mitée. Il n'utilise que la couche superficielle, modifiée
plus ou moins profondément par la lumière, de la même
manière que je l'avais fait pour la gravure hélioplastique (3), dans laquelle je me servais de couches épaisses

(1) Le rapport de cette commission est inséré dans le *Bulletin de la
Société française de photographie*, année 1859, p. 124 et suivantes.

(2) *Bulletin de la Société photographique*, décembre 1860.

(3) *Voir* plus haut, p. 53, où je décris le moyen d'obtenir des gravures
en relief ou en creux, des lithophanies, etc.

pour impressionner inégalement en profondeur, selon l'usage que je voulais faire de la couche.

Voici en quoi consiste le procédé Fargier : Le mélange intime de noir, de gélatine et de dissolution de bichromate est appliqué sur une glace et séché artificiellement ou spontanément dans l'obscurité. La couche sèche est impressionnée à travers un négatif. Il coule ensuite sur la surface impressionnée une couche épaisse de collodion ; il plonge la plaque dans un bain d'eau chaude, qui dissout la matière organique non solidifiée ; celle au contraire qui est devenue insoluble reste adhérente avec son noir à la pellicule de collodion qui nage dans le liquide. On la fixe ensuite sur du papier gélatiné. Rien n'est de lui et, comme on le verra plus loin, l'emploi du collodion ne lui appartient même pas, puisque j'en ai fait usage pour mon second procédé au charbon que j'ai publié en septembre 1860.

Je félicite les auteurs de ces applications plus ou moins récentes de mes procédés ; cela prouve assez, Dieu merci, en faveur de l'utilité de mes découvertes, puisqu'il n'a fallu que de légers tours de main pour en tirer parti sous diverses formes, ce que ne peut presque jamais faire un inventeur sérieux, généralement plus préoccupé de la découverte et du perfectionnement de la chose principale que des applications minutieuses et purement mécaniques que l'on peut faire de son œuvre, et qui ne peuvent en tout cas constituer que des additions à cette découverte.

3° *Photolithographie.* — La possibilité, une fois reconnue, de faire adhérer de l'encre grasse et tous corps gras aux seules parties modifiées par la lumière, d'une surface quelconque recouverte du mélange précité (bichromates et matières gommeuses et gélatineuses), j'étais arrivé à la possibilité de la photolithographie ; il n'y avait plus qu'à travailler le sujet de la découverte, ce que je fis exclusivement. La pierre lithographique devint mon unique but ; il fallait arriver à imprimer à la manière ordinaire et obtenir ainsi des épreuves peu coûteuses, faciles à avoir identiques, et *surtout inaltérables par le temps*, en un mot l'imprimerie photographique, absolument impossible à réaliser avec les impressions aux sels d'argent.

Je vais apporter les plus minutieux détails à ma description, parce que je crois que ce procédé, une fois tombé dans le domaine public, est appelé au plus sérieux avenir.

Chacun sait que la lithographie repose sur ce principe, que l'encre grasse n'adhère pas aux parties blanches, mais seulement sur les traits formant le dessin tracé par l'artiste sur la pierre ; vu que ces parties blanches sont recouvertes de gomme arabique, corps qui se mouille et retient l'eau, tandis que les traits du dessin sont formés par un savon calcaire, c'est-à-dire par un corps gras insoluble dans l'eau et de la même nature que l'encre d'impression. La couche sensible que j'obtiens par mon procédé remplissant identiquement les mêmes conditions, rien ne s'oppose à ce que l'on obtienne la même perfection, *et même une perfection supérieure*, si les clichés sont bons, si l'opération est bien conduite, et surtout si l'imprimeur ou le préparateur de la pierre est intelligent et adroit.

La matière organique qui m'a le mieux réussi dès le début, et celle que j'ai toujours employée, est l'albumine d'œuf, ou blanc d'œuf battu et mélangé à volume égal de dissolution saturée de bichromate de potasse. J'applique au pinceau à vernir appelé vulgairement *queue de morue*, ce mélange sur la surface de la pierre préalablement lavée et asséchée, puis, au moyen d'un tampon de linge, j'enlève l'excédant de la préparation; ensuite je soumets cette pierre, c'est-à-dire la surface, à l'influence de la lumière à travers le cliché négatif redressé du dessin à reproduire, photographié soit d'après nature, soit comme reproduction; cette exposition au soleil durera quinze ou vingt minutes ou plus; si la lumière est faible ou le négatif très-vigoureux. Ceci fait, je rentre dans le laboratoire, et au moyen d'un rouleau d'imprimeur lithographe chargé de corps gras, j'encre la pierre en totalité, je mouille la surface à l'éponge et je recommence le travail au rouleau, et la surface de la pierre ne retient alors l'encre grasse qu'aux parties modifiées par l'impression lumineuse, et devenues non-seulement insolubles, mais graisseuses et d'une nature analogue à l'encre d'imprimerie; les autres parties où la matière gommeuse est restée soluble s'en vont avec le corps gras. J'obtiens ainsi à la surface de la pierre, en employant des clichés photographiques redressés, c'est-à-dire des clichés faits à travers la glace, des positives à l'encre d'impression qui, soumises purement et simplement au tirage mécanique et bien connu de la lithographie, fournissent autant de tirages qu'une pierre dessinée au crayon lithographique.

Plus tard, en perfectionnant mon procédé, j'ai reconnu qu'il y avait avantage à mouiller légèrement la pierre à l'éponge après l'impression à la lumière et à l'encrer au rouleau, au lieu de l'encrer d'abord et de la mouiller ensuite ; dans ce cas, le corps gras repoussé par l'humidité ne prend plus que sur les parties où l'albumine est devenue grasse et insoluble, et nullement sur les blancs du dessin, l'albumine y faisant fonction de gomme arabique employée dans la lithographie ordinaire. On arrive ainsi à une économie de temps et d'encre, et à un résultat bien préférable, les demi-teintes se trouvant bien plus sûrement et bien plus finement reproduites.

La pierre, ainsi bien préparée, est traitée par de l'acide faible, puis gommée et séchée absolument de la même manière que s'il s'agissait d'un dessin lithographique ordinaire fait à la main et il peut être tiré tout à fait de même.

Il serait superflu d'énumérer ici toutes les précautions que dans la pratique on appelle tours de main et qu'il faut indispensablement observer pour arriver à obtenir sur la pierre lithographique un report irréprochable et qui sera toujours tel entre les mains d'un imprimeur intelligent.

C'est en août 1855 que j'ai pris mon brevet, tant en France que dans les pays étrangers, et à partir de cette époque jusqu'au mois d'octobre 1857, je me suis fait imprimeur pour perfectionner mon procédé et l'exploiter sous le titre de photolithographie, ou lithophotographie, nom qu'on lui a donné depuis. C'est à cette époque, octobre 1857, que je fis la cession de mes brevets à une personne, agissant alors pour le compte d'un des plus habiles lithographes de Paris, M. Lemercier, dont l'importante maison imprime tous les jours par ce procédé une quantité notable de phothographies.

M. Lemercier, en me le faisant acheter, le reconnaissait et le déclarait le seul applicable et le seul exploitable.

Au nombre des épreuves que j'ai imprimées avant la cession de mes brevets, je puis citer, pour les personnes qui auraient la curiosité de vérifier ce que donnait le procédé à son début : 1° un album de quarante-cinq planches de terres cuites, photographiées d'après la riche collection de M. le vicomte de Janzé ; 2° des dessins originaux à la plume, au crayon noir et à la mine de plomb, destinés à servir de modèles aux élèves de l'École polytechnique ; 3° des dessins-modèles pour l'industrie, édités par la maison Gide et Baudry, réduction photographique des originaux de M. Guichard ; 4° un grand nombre de photographies d'architecture gothique, d'après des clichés de photographes renommés : MM. Bisson frères, etc., etc. ; 5° plusieurs grands paysages avec des clichés sur papier ciré, de M. le comte Aguado ; 6° un lézard d'Afrique, des croquis de Rembrandt et de Jacque, une vieille normande, divers portraits d'après nature, etc. ; 7° ma dernière production, qui fut celle de dix planches d'un important ouvrage d'archéologie édité d'après l'ordre de M. Fould, ministre d'Etat, et sous les auspices de S. A. I. le prince Napoléon : la reproduction photographiée des pierres gravées du Musée égyptien du Louvre, réunies et collectionnées par l'habile archéologue M. Mariette, conservateur de ce musée; elles sont connues sous le nom de Serapeum de Memphis. Ces pierres, tirées par moi à trois cents exemplaires chacune, existent encore dans les ateliers de mon cessionnaire, M. Lemercier, qui continue cette édition importante ; 8° enfin, on peut voir, au Conservatoire des arts et métiers, exposée dans les galeries contenant les produits les plus remarquables de notre industrie nationale, une de mes pierres portant son dessin et une épreuve photolithographiée dans mes ateliers avec cette pierre. Je dois cet honneur à l'intérêt que porte à mon procédé M. le professeur Edmond Becquerel, qui a bien voulu me demander ces spécimens de ma découverte.

Une médaille de bronze m'a été accordée en 1856, après l'exposition de Bruxelles, où j'avais envoyé de mes épreuves photolithographiques.

Je me croirais coupable si j'omettais, avant de finir

ce chapitre, de témoigner à la Société française de photographie toute la reconnaissance que je lui dois pour l'intérêt qu'elle accorda à cette partie de mes travaux, et en particulier à M. Balard, membre de l'Institut, rapporteur d'une commission nommée par cette société, et devant laquelle, en 1856, j'ai préparé, impressionné et encré plusieurs pierres. Le rapport fait par cette commission a été lu en séance publique, le 16 janvier 1857, et inséré *in extenso* dans son bulletin du mois de février de la même année (1).

Je ne terminerai pas sans faire observer aussi que mon invention, qui a eu tant de retentissement et dont je m'étais réservé la propriété exclusive, n'en est pas moins pratiquée à l'étranger par des personnes qui omettent d'en déclarer l'origine. Ainsi, l'un de mes brevets, celui d'Angleterre, est tombé dans le domaine public par suite d'un oubli de mon cessionnaire d'avoir acquitté en temps utile les annuités, et, immédiatement après, M. le colonel James l'a appliqué en grand pour le service de l'artillerie et du génie militaire à la reproduction des cartes, plans et dessins de ce service, mais sous d'autres noms, tels que chromo-carbone, photo-zinc ographie etc. (2). M. Asser, d'Amsterdam (3), emploie aussi

(1) *Voir* plus loin ce rapport.

(2) *The Photographic News*, march 16, 1860; et *Bulletin de la Société française de Photographie*, 1860; p. 109 et 257.

(3) *Bulletin de la Société française de Photographie*, 1859; p. 211 et 260.

dans son pays un procédé analogue, et dont l'idée mère
découle évidemment du mien. M. Newton a breveté,
en 1858, en Angleterre, à la lettre, mon procédé (1).

Je pourrais en citer d'autres, mais je m'abstiens, ne
pouvant pas prouver d'une manière précise leur manière
d'opérer.

Les nouveaux moyens d'impression photographique
décrits dans ce chapitre ont pris une telle importance
depuis le concours ouvert par M. le duc de Luynes, en
juillet 1856, puisque tous les concurrents pour l'impression inaltérable lui ont emprunté leurs méthodes, et que
la photolithographie appliquée d'abord par moi, et depuis par M. Lemercier, cessionnaire, a lutté avec avantage contre la gravure héliographique, dont les résultats
sont plutôt dus à l'habileté du graveur qui l'emploie
qu'au procédé photographique lui-même ; ces procédés,
dis-je, ont pris une telle importance, que je crois être
utile aux expérimentateurs en donnant ici les divers
rapports dont chacun a été le sujet. On trouvera d'ailleurs
dans ces rapports les divers tours de main que chacun a
su y apporter.

(1) *Bulletin de la Société de Photographie,* janvier 1859, p. 25.

CHAPITRE VII.

Comme on peut le voir par le contenu du chapitre précédent, mes premiers essais de tirage des positives sur papier au moyen des couleurs inertes mélangées à une matière d'abord soluble dans l'eau, et qui perd cette propriété sous l'influence simultanée d'un corps oxidant, les bichromates alcalins, par exemple, et de la lumière ; ces couleurs restant, après insolation et lavage soit à l'eau froide ou chaude, emprisonnées dans les parties devenues insolubles, et proportionnellement à la quantité de lumière qui a traversé les diverses parties d'un négatif photographique ou autre écran. Ces premiers essais, dis-je, datent des premiers mois de l'année 1855 ; je faisais usage alors d'encre de Chine ou de noir en tablette, que je délayais préalablement pour mélanger la couleur avec la matière organique qui devait les emprisonner ; j'avais parfaitement conscience de l'inaltérabilité de ces épreuves, ainsi que de leur production à bon marché.

Ces nouvelles applications furent brevetées par moi le
27 août 1855 : c'est la date que je puis revendiquer. Je
n'avais pas nommé mon procédé *impression au charbon*,
comme les opérateurs qui ont eu pour but de remplir
ensuite les conditions posées par le programme du prix
de M. le duc de Luynes, l'ont fait plus tard. Ce prix
d'ailleurs, comme chacun le sait, ne fut institué que
l'année suivante, en 1856, et son programme lu dans la
séance de la Société de Photographie du 18 juillet de la
même année. Comme on le verra par les extraits suivants
du rapport si consciencieux et si savant que M. Paul
Perrier, fit sur le premier prix de 2,000 francs devant
être décerné en 1858, pour l'impression photographique
inaltérable, je ne m'étais pas présenté au concours, mais
tous les procédés proposés par les concurrents m'appar-
tenaient en principe, la plupart même étaient identiquement le mien. Je ne crois devoir mieux faire que de citer
ici les parties de ce rapport qui concernent l'objet en
question, puisque c'en est l'historique donné par le rapporteur d'une Commission aussi impartiale qu'éclairée.

Après avoir parlé des bonnes épreuves d'impression
photographique à l'argent et à l'or, que l'on peut obtenir en apportant à leur fixage les soins les plus minutieux, M. Paul Perrier cite les expressions textuelles du
programme, dictées par le Président de la Société M. Regnault, autorité si haute en pareille matière.

« Il faut avant tout que l'on soit certain de la conservation indéfinie des épreuves... Malheureusement, beau-

coup d'épreuves qui n'ont que quelques années d'exis-
tence sont aujourd'hui profondément altérées ; quelques-
unes se sont complétement effacées... Les photographes
se livrent à l'envi à la recherche des causes de cette altération si rapide... Les sociétés photographiques ont
enregistré depuis quelques années un grand nombre de
procédés de fixage que leurs auteurs présentent comme
devant assurer la conservation indéfinie des épreuves...
Elles ont pu constater des perfectionnements impor·
tants... Il y a lieu d'en espérer prochainement de plus
grands encore... Mais la conservation indéfinie des
épreuves ne peut être prouvée que par l'expérience de
plusieurs siècles... La connaissance des propriétés chimiques et physiques des corps suggère des objections
dont le temps seul pourra préciser la portée. »

(Suit la théorie des altérations éventuelles, physiques
et chimiques.)

« ... Le *carbone* est de toutes les matières que la chimie nous a fait connaître, la plus fixe et la plus inaltérable.

» Il est donc évident que si l'on parvenait à produire
les noirs du dessin photographique par le carbone, on
aurait pour la conservation des épreuves, la même ga-
rantie que pour nos livres imprimés, et c'est la plus
forte que l'on puisse espérer et désirer. »

Le programme de 1856, attirait aussi l'attention des
chimistes sur « une étude complète des diverses actions chimiques et physiques qui interviennent dans les

procédés employés ou qui influent sur l'altération des
épreuves. C'était dire implicitement que l'insuffisance
du principe de ces procédés n'était nullement démontrée.

Dans son savant rapport, M. Paul Perrier expose la
marche adoptée par la commission dès sa première réunion pour arriver à faire un choix définitif des candidats ; elle élimina donc tous ceux qui se présentaient
avec des procédés antérieurs et connus, ou qui n'avaient
pas de portée réelle. Une sous-commission, composée
de MM. le comte Aguado, Bayard, Ed. Becquerel,
L. Foucault et Paul Perrier, fit opérer chacun des can-
ditats qui étaient restés debout ; c'étaient MM. Testud
de Beauregard, Garnier et Salmon et Pouncy. Je tra-
duirai ici textuellement les paroles de M. le Rapporteur :

« Nous nous sommes réunis, dit-il, dans ce but chez
notre collègue M. le comte Aguado, qui s'est mis avec
une extrême complaisance à notre disposition avec
tout le matériel de son atelier.

» Nous y avons d'abord appelé M. Testud de Beauregard. Dans une première séance, il nous a montré partie
seulement de son procédé de juin 1855, les papiers
ayant reçu préalablement, hors de notre présence, la
préparation du bichromate de potasse qui précède l'insolation : c'était une première déviation de notre programme, sur laquelle nous aurons à revenir. Le temps
était couvert, l'exposition au châssis fut longue ; les
papiers en sont sortis légèrement empreints des traces

du cliché. Ils ont été lavés à l'eau ordinaire, puis passés dans une solution de protosulfate de fer, lavés de nouveau, puis plongés dans un bain d'acide gallique et d'eau. Il nous faut bien dire que les résultats ont été des moins satisfaisants, et n'ont offert aucun point de rapprochement possible avec les spécimens présentés par l'auteur en 1855. M. Testud de Beauregard n'a pas insisté pour tenter une autre expérience, et, dès lors, nous avons dû considérer la première comme décidément négative.

» Dans une seconde réunion, M. Testud devait faire toutes les manipulations nécessaires pour nous édifier sur sa communication de décembre 1857. Par un malentendu regrettable, il est arrivé, comme la première fois, avec ses papiers tout préparés. Sur les observations qui lui ont été faites à ce sujet, il s'est défendu d'avoir voulu rien dissimuler, a déclaré que son but avait été seulement d'épargner le temps de la commission, et, pour le prouver, il s'est dit prêt à tout réprendre *ab ovo* sur de nouveaux papiers, sous nos yeux et à jour dit ; mais, cette fois encore, l'événement nous a dispensés de répéter les expériences : M. Testud ayant mis ses papiers, d'un aspect gris noir, au châssis d'exposition, les y a laissés quelque temps ; le ciel était couvert. Sortis sans impression apparente, ils ont été soumis à des lavages à l'eau chaude ; mais cette opération finale a dû se prolonger tellement, que la commission ne pouvait la suivre jusqu'au bout ; M. Testud nous déclara qu'elle devait durer au moins quatre à cinq heures. Le travail s'est terminé sans nous chez M. le comte Aguado, qui nous a plus tard envoyé les spécimens obtenus. Ils étaient encore moins encourageants que ceux de la première méthode, et si loin même, nous devons le dire, de toute probabilité de succès, que nous n'avons pas cru devoir provoquer une réunion nouvelle, où toutes les phases du travail sans exception se succéderaient en notre présence. N'était-il pas évident que les préparations du papier ne pourraient être meilleures, dans ces circonstances, que celles effectuées par l'auteur, à loisir, dans son cabinet ?

» Nous voici maintenant arrivés à l'examen des travaux de MM. Garnier et Salmon.

» Cette fois nous avons eu la satisfaction de voir un papier tout à fait vierge, choisi parmi ceux de notre hôte, se couvrir de l'image définitive.

» On a commencé par dissoudre 30 grammes de sucre blanc dans 30 grammes d'eau. Après dissolution complète, on a ajouté 7 gram. 5 de bichromate d'ammoniaque bien neutre, qu'on a fait fondre dans un mortier de verre, en l'y écrasant avec un pilon; puis on a ajouté dans le mélange 10 gram. d'albumine qu'on avait préalablement battue, et dans laquelle on avait introduit quelques parcelles de bichromate. Après avoir amené le tout à l'état de mixture aussi parfaite que possible, on l'a passé dans un linge fin; d'autre part, on avait fixé sur une planchette avec des punaises une feuille de

papier ; sur cette feuille on a étendu la mixture ci-
dessus, au moyen d'une brosse ronde de colleur en soie
de porc (hauteur des soies 0ᵐ. 10 ; diamètre de la
brosse à sa base ou attache, 0ᵐ. 055). Pour que la
couche fût bien égale sans stries ou traces laissées par
les soies de la brosse, on avait pris aussi juste que possible ce qu'il fallait de solution, ni plus ni moins. Cela
fait, on a chauffé la feuille devant le feu, présentant l'en-
vers sans trop l'approcher ; le séchage s'est terminé
promptement ; on s'en est assuré en passant le doigt sur
la couche où il devait bien glisser, quoique la surface
parût encore un peu poisseuse en appuyant ; enfin, on a
mis au châssis. La première épreuve, produite sous un
positif sur verre, a été exposée pendant un quart d'heure ;
le temps était a demi couvert et clair. Au sortir du
châssis, l'image était très-marquée, par surcroît d'intensité du ton jaune brun du bichromate ; on a réchauffé légèrement devant le feu ; la chaleur paraît continuer l'action de la lumière, ce qui fournirait le moyen de modifier
partiellement la valeur des noirs, ensuite, la feuille étant
fixée de nouveau sur la planchette, on a étendu sur toute sa
surface, au moyen d'un blaireau bien fourni, assez long
pour être flexible sans trop de mollesse, du noir d'ivoire
bien divisé (le noir de fumée se volatilise trop) : on a terminé l'extension et l'égalisation de la couche avec un
tampon doux de coton ; puis, après avoir détaché la feuille
de la planchette et l'avoir présentée pendant quelques
secondes au feu, ou l'a plongée dans de l'eau ordinaire

avec précaution, l'image en dessus, tantôt l'y promenant très-doucement, tantôt l'y laissant séjourner au repos. Après un quart d'heure environ, quand on a jugé que la couche de bichromate restée soluble était détachée de la feuille, on a retiré celle-ci de l'eau, très-doucement, par les deux angles d'un des petits côtés ; une solution jaune se séparait sur la limite entre l'air et l'eau. La feuille est sortie, conservant un ton d'un blanc sale dans les lumières, mais présentant l'image très-distincte. Enfin, on l'a mise dans un bain de 100 parties d'eau ordinaire et de cinq parties d'une solution concentrée d'acide sulfureux (proportion qui peut être modifiée sans inconvénient dans les deux sens, l'action devenant alors plus ou moins prompte).

» Les mêmes soins étant apportés au maniement de l'épreuve dans ce bain final, et cela parce que la couche non insolubilisée qui retient le carbone adhère très-faiblement au papier, tant qu'un premier séchage n'a pas eu lieu. Sous ce rapport, il serait utile de sécher une première fois entre le bain d'eau simple et celui d'acide sulfureux.

» Dans ce dernier, les blancs se sont dépouillés presque entièrement de leur teinte jaune et grise ; nous disons presque, et non totalement, car c'est là jusqu'ici le défaut persistant du procédé. Le papier retient, dans les plus grands clairs, des parcelles de carbone qui sans doute s'attachent aux aspérités invisibles que n'avait pu refouler le satinage préalable, ou qui se relèvent par l'huméfaction du papier, lors de l'application de la couche sensible. C'est la difficulté principale qui reste à vaincre; mais elle n'est pas la seule : les demi-teintes laissent à désirer quant au modelé; dans les vues, les parties des lointains les plus délicates sont incomplétement exprimées, souvent indécises et comme ébarbées; les noirs manquent de brillant et d'homogénéité, surtout dans la gamme intermédiaire.

» Tels qu'ils sont toutefois, ces résultats, encore incomplets, nous paraissent assez remarquables pour mériter encouragement; c'est précisément leur valeur sérieuse qui nous porte à signaler leurs imperfections. La simplicité des moyens, le champ de progrès et d'améliorations pratiques qu'elle ouvre à la sagacité des inventeurs, nous inspirent espoir et confiance dans l'avenir du procédé. Nous avons donc résolu d'attribuer à MM. Garnier et Salmon partie du second prix de Luynes à décerner pour 1858 (1).

» Il était un candidat dont nous ne pouvions exiger qu'il vînt opérer sous nos yeux, séparé qu'il se trouvait de nous par la mer. Vous avez nommé M. Pouncy : nous en étions réduits à faire en son absence l'examen le plus

----

(1) Il est à remarquer que MM. Garnier et Salmon avaient pris brevet pour un autre moyen d'impression au carbone, basé sur l'emploi du citrate de fer ammoniacal, qui perd son état poisseux par la lumière, et que ces messieurs n'ont concouru qu'avec le procédé basé, comme le mien, sur l'emploi d'un bichromate, ce qui implique l'emploi peu avantageux sinon impossible du premier sel. (*Note de l'auteur*.)

consciencieux de ses formules, puis à les appliquer par nous-mêmes avec tout le soin que nous devions à ce confrère, ainsi jugé par défaut. Mais ces précautions même ne suffisaient pas; il fallait aller plus loin, et, pour assurer à l'examen des droits de M. Pouncy toutes les garanties d'impartialité désirables, nous devions oublier ce que MM. Garnier et Salmon, familiers avec leur procédé, rompus à sa pratique, venaient de produire devant nous, de leurs propres mains. Il fallait en un mot replacer les uns et les autres dans des conditions d'égalité parfaite, et, dans ce but, appliquer directement les méthodes, seuls, en l'absence des candidats, avec un scrupule égal et dans une complète identité de circonstances, en sorte que l'un n'eût pas sur l'autre l'énorme avantage d'une expérimentation personnelle et coutumière.

» C'est à quoi nous nous sommes arrêtés; de nouvelles expériences comparatives ont été faites chez M. le comte Aguado; MM. Garnier et Salmon n'y assistaient pas.

» Leur méthode a été la première appliquée, avec des substances préparées, et par des opérations suivies conformément à la marche décrite plus haut. Nous avons ensuite opéré par le procédé Pouncy, non moins fidèlement, selon les indications fournies par notre confrère dans un prospectus imprimé, dont notre bulletin de janvier dernier fait mention, et qu'on pourra vous donner sans scrupule dans le numéro prochain, puisque la

Revue photographique l'a publié tout au long dans sa livraison de février.

» Les résultats comparés se sont trouvés équivalents quant au mérite artistique. Sous d'autres rapports, voici ce que nous avons à signaler : les manipulations sont quelque peu plus simples et faciles dans le procédé Pouncy. Il a l'avantage de permettre l'emploi du négatif comme type reproducteur, ce qui fait espérer plus de finesse dans la contre-partie.

» D'autre part l'insolation est plus prompte par la méthode Garnier. Une minute la première fois, une minute et demie la seconde, ont suffi, tandis qu'il a fallu pousser jusqu'à quatre minutes et quatre minutes et demie par celle de M. Pouncy. Dans les deux cas, le soleil était découvert, quoique plus ou moins intense.

» Quant à l'obligation de prendre un positif comme type, il est juste de dire que, pour certaines applications, ce peut être une supériorité réelle, par exemple lorsqu'il s'agira d'une publication considérable, pour laquelle il sera précieux de multiplier les moyens de tirage. En outre, l'emploi des positifs écarte les chances d'accidents qui menacent les clichés négatifs entre les mains des opérateurs.

» Ces diverses considérations laissaient la balance à si peu près égale qu'il nous a paru juste et nécessaire de mettre les deux candidats sur une même ligne, en leur attribuant à chacun une part de récompense *ex æquo.*

» L'examen et la comparaison des divers systèmes en présence ont réuni tous les membres du jury sous une impression spontanée qui devait pousser nos délibérations hors des limites étroites de notre mandat.

» La source commune et première, le germe unique de tous les procédés parmi lesquels nous avons désigné ceux qui nous ont paru dignes de récompenses, c'est-à-dire de tous les procédés au *carbone*, c'est incontestablement celui de M. Poitevin, et par conséquent le père commun de tous ces inventeurs, c'est M. Poitevin.

» Quelques mots suffiront pour vous en convaincre :

» Dès le mois d'août 1855, M. Poitevin déposait à la préfecture de la Seine la description d'un procédé d'impression photographique. Le 15 février 1856, il vous l'apportait en le modifiant sur quelques points.

» Quelle était, en ce qui concerne le papier, cette méthode réduite à sa plus simple expression? — « En août » 1855, application sur le papier d'un mélange de bi- » chromate de potasse, corps organique et matière co- » lorante, le tout en une seule fois, avant l'insolation. » — En février 1856, « application des mêmes substan- » ces, mais en deux opérations, savoir : le bichromate » et le corps organique avant, et la matière colorante ou » carbone après l'insolation.

» Dans les deux cas, lavage à l'eau pure, pour ter- » miner et fixer l'épreuve (1). »

(1) Dans le premier cas, il s'agit de produire une épreuve au carbone.

» Si maintenant nous suivons l'ordre chronologique des présentations, que verrons-nous?

» M. Testud de Beauregard, en décembre 1857, vous communique un procédé dont voici le résumé :

« Emploi du bichromate de potasse, d'un corps orga-
» nique et de la matière colorante (carbone). Seulement
» ici la préparation complète, qui toujours précède
» l'insolation, se sépare en deux; d'abord, immersion du
» papier dans le mélange de bichromate et du corps
» organique, séchage, puis extension du carbone. Après
» l'insolation, lavage à l'eau simple. La manipulation
» seule varie, le principe est identique. »

» En janvier 1858, M. Sutton indique dans les *Photographic Notes*, un moyen d'obtenir des positifs dura-
bles. C'est encore exactement, et sans doute à son insu,
la méthode Poitevin, car on n'y trouve autre chose que
ceci :

« Application sur le papier d'un mélange de bichro-
» mate de potasse, corps organiques et charbon pulvé-
» risé, séchage, insolation et lavage. » De son chef,
M. Sutton ajoute une solution alcaline pour éclaircir
l'image, si besoin est.

» Le 10 avril 1858, M. Pouncy prend, en Angleterre,
un brevet qui n'est publié qu'en novembre dans les *Photographic Notes*, et dans notre *Bulletin* en décembre. Si

ou toute autre couleur inerte mélangée avant et emprisonnée après par la matière organique devenue insoluble, tandis que dans le second il s'agit de
fixer le charbon à l'état d'encre grasse d'imprimerie. (*Note de l'auteur.*)

nous en isolons les éléments constitutifs, nous retrou-
vons, tout comptes faits : « Application sur le papier
» d'un mélange de bichromate de potasse, gomme ara-
» bique et charbon végétal, en une seule manœuvre,
» avant l'insolation ; puis, après, lavage à l'eau pure. »

» Enfin, et pour clore cette revue si monotone, le
30 juin 1858, MM. Garnier et Salmon, déposaient aux
mains de votre secrétaire un pli renfermant un procédé
qui, plus ou moins remanié par eux dans l'intervalle,
aboutit à nous rendre témoins d'expériences où « l'emploi
» du bichromate alcalin, d'un corps organique et du
» carbone, » reproduit, avec des variantes plus ou
moins sérieuses, une série de causes et d'effets qui conservent leur type invariable dans l'œuvre de M. Poitevin.
En sorte qu'on peut dire en toute vérité que si M. Poitevin n'existait pas, chacun de ces messieurs l'eût inventé. »

Est-il possible, nous vous le demandons, en présence
de cette sévère mais impartiale analyse, de méconnaître
que ces produits de provenances diverses doivent porter
tous, en quelque sorte, une commune marque de fabrique, et que si nous donnons cours à quelques-uns à
travers notre monde photographique avec une estampille
d'honneur, il faut trouver moyen d'associer très-mani-
festement, et même en première ligne, à ce succès, le
nom de l'*initiateur*.

Tel est, en effet, le but que nous nous sommes proposé, sentant bien que nous aurions la conscience in-

quiète, si, dans une répartition de récompenses, M. Poitevin était oublié, lui l'homme des semailles, tandis que d'autres emporteraient la moisson.

» Il est vrai que M. Poitevin ne se présentait pas au concours actuel, et qu'il a sans doute réservé tout le poids de ses mérites pour le jeter dans la balance que nous aurons à tenir l'an prochain. Mais, si d'un côté cette abstention nous créait un embarras dont il fallait chercher comment sortir, de l'autre elle devait peut-être nous rendre d'autant plus soucieux des intérêts de M. Poitevin; car il eût été déplorable que ses travaux et ses services auxquels sont acquises, dans tous les cas, nos unanimes sympathies, n'étant pas assurés de l'emporter l'an prochain sur des efforts dirigés dans des voies différentes, restassent ainsi suspendus et finalement destitués de tout accueil honorifique, entre les oublis d'un premier concours et les chances contraires du second.

» Hâtons-nous d'ajouter que les bonnes solutions ne semblaient pas devoir nous manquer. Nous avions le droit de déclarer qu'aucun procédé ne nous avait paru digne du prix, et d'en ajourner l'attribution, en rouvrant la lice aux aspirants; à plus forte raison pouvions-nous d'office, aux termes du programme, en concevoir la division de telle sorte qu'une part fût faite à ce premier inventeur, auquel tout candidat doit une si bonne partie de sa réussite. Il n'était d'ailleurs pas impossible qu'avant le prononcé définitif de nos décisions,

7

une combinaison intervînt qui simplifiât grandement la question, et, sans nuire à personne, nous fournît tout moyen et toute liberté de faire justice à M. Poitevin.

» C'est en effet, Messieurs, ce que nous avons le plaisir de vous annoncer comme un fait accompli. M. le duc de Luynes était exactement tenu, par nos soins, au courant des diverses phases de nos travaux. Il a su nos embarras, et, pour nous en délivrer, il a voulu spontanément, avec une libéralité persistante, apporter à notre art un surcroît d'encouragement, qui lui crée de nouveaux titres à notre reconnaissance. Ainsi, par sa bienveillante initiative, le prix secondaire de 2,000 francs est reporté, le concours est rouvert jusqu'au 1er juillet 1861. Le programme est maintenu. Quant à la somme de 2,000 francs qu'il nous avait offerte pour 1858, il nous l'a laissée, et nous autorise à la répartir à titre d'encouragement, selon notre libre appréciation, entre les travaux antérieurs au 1er juillet 1858. Dès lors, nous avons pu nous remuer plus à l'aise dans ces conditions élargies, et la proclamation du nom de M. Poitevin, au premier rang de ceux à récompenser pour des procédés nouveaux, est devenue chose décidée. »

Ici, M. Paul Perrier passe au travail si intéressant, non encore terminé alors, mais qu'ils ont complété depuis, de MM. Davanne et Girard, sur le tirage des épreuves par le moyen des sels d'argent, et sur l'étude des diverses actions chimiques et physiques qui interviennent dans les procédés employés jusqu'alors, ou qui influent sur l'altération des épreuves, M. le rapporteur analyse toutes les publications faites par eux et dont la première remonte au 19 février 1855, il conclut en disant :

« Mais considérant, comme nous devions le faire, l'esprit libéral de ce programme (celui du prix de M. le duc de Luynes), on reconnaîtra que les grandes et principales sections déjà publiées par les auteurs (MM. Davanne et Girard) depuis 1855 jusqu'à ce jour, satisfont évidemment auxdites conditions ; et d'ailleurs nous pouvons user à leur profit de cette même liberté qui nous a permis de proclamer spontanément le nom de M. Poitevin parmi ceux des lauréats..... »

M. Paul Perrier termine ainsi son Rapport :

«Il nous reste à vous faire connaître la répartition des récompenses et le classement que nous avons adopté. Vous aurez successivement recueilli, dans le cours de ce Rapport, les noms de MM. Garnier et Salmon, Pouncy, Poitevin, Davanne et Girard, comme ayant fixé nos suffrages.

» Vous vous rappelez aussi que le caractère des récompenses a changé : les dispositions nouvelles et de plus en plus libérales de M. le duc de Luynes, ayant eu pour conséquence l'ajournement à trois ans du prix de 2,000 francs à décerner dans les strictes conditions du programme, il ne s'agissait plus désormais, pour cette année, que de partager à qui de droit, à titre d'encouragement, et sous une forme impliquant à la fois honneur et profit, une même somme de 2,000 francs, dont il nous a laissé l'emploi. Cette heureuse modification des circonstances nous a permis, vous le savez déjà, de suivre des impulsions déterminées par un examen consciencieux, et de prendre nos élus même au dehors de la liste officielle des candidats.

» Enfin il nous a paru convenable d'établir deux classes, dont une pour les procédés nouveaux et l'autre pour les études appliquées aux procédés anciens, en conservant ainsi les catégories prévues au programme. Dans la première classe, entraient MM. Poitevin, Salmon et Garnier, Pouncy. Une première place y est faite hors ligne à M. Poitevin; *à lui seul appartient incontes-tablement, d'après les dates, la priorité de l'invention de la méthode récompensée.* Nous ne pouvions donc laisser échapper cette occasion d'honorer particulièrement les travaux d'un savant habile et modeste, qu'anime un zèle infatigable pour la science, et, ce qui doit nous toucher surtout, pour les progrès de l'art photographique.

» Les procédés appliqués par par MM. Garnier, Salmon et Pouncy sont identiques en principe, à peu près identiques dans les détails d'exécution, à la méthode Poitevin. La seule modification de quelque importance, est celle introduite par MM. Garnier et Salmon, et qui consiste dans l'extension du carbone en poudre après l'insolation.

» Ces derniers reconnaissent d'ailleurs de très-bonne

grâce avoir emprunté tout le surplus à M. Poitevin. Nous ne saurions dire ce qu'il en est à cet égard quant à M. Pouncy ; mais il importe de faire en son nom toute réserve, afin que l'honorabilité de sa déclaration ne souffre aucune atteinte s'il vient à réclamer le bénéfice moral de son ignorance du passé.

» Dans la deuxième classe figurent seuls MM. Davanne et Girard. Pour expliquer la décision par laquelle nous les avons placés sur la même ligne que M. Poitevin dans la première classe, il suffit de rappeler l'appréciation que vous venez d'entendre sur leur grande étude.

» Nos votes, que nous sommes heureux d'avoir pu réunir jusqu'à la fin dans une constante unanimité, se résument dans les dons suivants :

» Médaille d'or d'une valeur de 600 francs à M. Poitevin ;

» Médaille d'argent d'une valeur de 400 francs à MM. Garnier et Salmon ;

» Médaille d'argent d'une valeur de 400 francs à M. Pouncy ;

» Médaille d'or d'une valeur de 600 francs à MM. Davanne et Girard.

» C'est avec la conscience d'avoir fait équitablement la part de tous ; c'est de plus avec le vif désir de rencontrer une approbation générale que nous terminons ce compte rendu.

» Puisse le prochain concours inaugurer l'avénement

du tirage par l'impression mécanique et le carbone, et le succès couronner à la fois les efforts des chercheurs et les vues généreuses du duc de Luynes! Puissent enfin tous les photographes, par un surcroît d'investigations savantes, si besoin est, et par une loyale émulation à bien faire, conserver cependant à l'avenir cette méthode actuelle aux résultats éclatants et colorés, dont la perte serait un deuil pour l'art, et que recommanderont toujours à nos sympathies les souvenirs de nos jeunes années. »

Ainsi s'est terminé ce long et consciencieux Rapport, et dont je remercie M. Paul Perrier pour ce qui me concerne. Il n'y eut que MM. Garnier et Salmon qui se crurent lésés dans leurs intérêts (ayant pris brevet pour leurs procédés) par l'assimilation de leur procédé au bichromate au mien. On pourra voir dans les *Bulletins de la Société française de Photographie*, septembre 1859, page 241 et décembre de la même année, page 355, le débat qui eut lieu à cette occasion, leurs réclamations et la réponse de M. le Rapporteur.

CHAPITRE VIII.

Extrait du Bulletin de la Société française de Photographie, février 1857, pages 42 et suivantes. — Rapport sur la Photolithographie de A. Poitevin, par une Commission composée de MM. Bayard, Bilordeaux, Humbert de Molard, Lemaître, Silbermann, et Balard, de l'Institut, rapporteur.

« L'art de reproduire les dessins obtenus par la lumière avec l'encre et par les procédés ordinaires de l'impression, a été l'objet de tentatives nombreuses, que justifie suffisamment l'importance du résultat cherché. Substituer en effet aux pratiques difficiles, longues et coûteuses employées pour le tirage des positifs, les procédés mécaniques dont une longue pratique a rendu l'exécution prompte, sûre et économique; remplacer ces pellicules de métaux dont la longue conservation à la surface de nos plaques et de nos papiers est encore problématique par le charbon qui, employé par les anciens pour écrire sur leur papyrus, a montré qu'il pouvait résister à l'épreuve du temps et de l'air, plus encore que la lame ligneuse sur laquelle il avait été déposé, sont des avantages qui ont dû de tout temps exciter l'émulation des photographes et que le prix si noblement fondé par M. de Luynes doit notablement augmenter.

» Ces efforts se continuent dans deux voies parallèles en quelque sorte, et tendent à ramener le tirage des épreuves positives aux procédés de la gravure sur métaux et de la lithographie.

» Peu de temps après la découverte de Daguerre, M. Donné, d'abord, et M. Fizeau en France, M. Grove en Angleterre, firent, pour transformer la plaque daguerrienne (1) même en une planche propre à tirer des épreuves, des efforts qui continuèrent en quelque sorte ceux que Nicéphore Niepce avait exécutés dans le temps, et qui, comme on l'a rappelé dans une autre circonstance, ont été l'occasion de la découverte de la photographie elle-même. Mais on n'a encore obtenu rien d'important et surtout de régulier dans cette direction, à laquelle ont fait plus tard renoncer les perfectionnements de la photographie proprement dite et la faculté de reporter sur des planches métalliques, plus propres à la gravure, la lumière agissant d'une manière plus régulière transmise à travers un cliché.

» Nous n'avons point à vous entretenir ici de ces essais de gravure héliographique qui ont reçu dans ces derniers temps des perfectionnements notables. Quand des épreuves suffisantes auront permis d'en faire une appré-

(1) Comme on le voit dans le premier chapitre de cet opuscule, j'avais fait des travaux dans le même sens. (*Note de l'auteur.*)

ciation exacte, nous essayerons de caractériser ce progrès. Nous n'avons à vous entretenir ici que des essais faits pour obtenir des images sur pierre et tirer des épreuves par les procédés ordinaires de la lithographie.

» Le bitume de Judée, sur lequel s'exercèrent d'abord les recherches de Nicéphore Niepce, et dont M. Niepce de Saint-Victor et M. Lemaître, notre collègue et le collaborateur de l'oncle et du neveu, ont fait un emploi si heureux dans ces dernières années, présente une propriété singulière. Soluble dans certains menstrues, il voit, sous l'influence combinée de l'oxygène de l'air et de la lumière, qui l'un et l'autre n'auraient pas agi séparément, ainsi que l'a démontré M. Chevreul, cette solubilité s'amoindrir et presque disparaître. Ce fut cette propriété qu'essayèrent aussi d'utiliser d'abord MM. Lerebours, Lemercier, Barreswil et Davanne, pour l'exécution du procédé qui leur est commun, et au moyen duquel nous avons vu reproduire plusieurs belles épreuves. Si ce procédé n'a pas encore atteint dans son exécution une parfaite régularité, on eût pu espérer qu'une pratique constante, une expérience plus prolongée la lui feraient acquérir. Mais cette pratique même était rendue difficile à étendre par la nécessité d'employer au lavage de pierres volumineuses des dissolvants coûteux, dont l'action trop prolongée pouvait même faire disparaître les parties impressionnées par la lumière. On conçoit aussi toute l'importance qu'il y avait à substituer à ce vernis d'une matière insoluble dans

l'eau, et qui exigeait le lavage de la pierre par des dissolvants spéciaux, une matière d'un autre ordre qui permît
d'opérer sans leur concours et sans les inconvénients
qu'il amène. Tel a été le but de M. A. Poitevin, et c'est
dans l'action combinée de la lumière et du bichromate
de potasse sur plusieurs corps solubles d'origine végétale et animale, tels que la gomme, la dextrine, la gélatine (que M. Talbot avait employée pour la gravure
héliographique), et mieux encore dans l'albumine, qu'il
a trouvé le moyen de l'atteindre.

» Si on recouvre une pierre lithographique ordinaire
d'une solution albumineuse mêlée de bichromate de
potasse, et si on laisse ce liquide s'évaporer spontanément, l'albumine, si tant est qu'elle soit altérée dans sa
nature, ne l'est pas dans sa solubilité, et un lavage à l'eau
froide suffit pour enlever à la pierre la plus grande partie
de la matière inaltérée et qui n'a pu la pénétrer. Mais
expose-t-on cette surface ainsi conditionnée à l'action de
la lumière traversant les parties inégalement transpa-
parentes d'un cliché négatif, une altération qui n'est pas
certainement une coagulation ordinaire, et à laquelle
l'action oxygénante de l'acide chromique contribue sans
doute, rend cette albumine insoluble et fait qu'elle reste
ainsi sur la pierre en quantités d'autant plus grandes
que l'action de la lumière a été plus intense. Ainsi modifiée, cette albumine repousse l'eau comme s'il s'était
formé un corps gras dont la production dans cette circonstance pourrait devenir l'objet de recherches inté-

ressantes. Dans cet état, elle se charge aisément d'encre grasse ordinaire, qui reste sans adhérence aux parties de la pierre où la lumière n'a pas agi. Si l'on passe alors sur cette surface un rouleau recouvert de cette qualité d'encre dans laquelle entre du savon et que les lithographes appellent *encre de report*, celle-ci adhère aux points recouverts d'albumine impressionnée par la lumière et non aux autres, et la pierre se trouve ainsi recouverte d'encre grasse disséminée en proportions variables comme elle l'aurait été par le crayon du dessinateur. En acidulant ensuite, en mouillant avec l'éponge, l'encre en excès disparaît. Le dessin s'égalise en lui faisant subir les opérations lithographiques connues, c'est-à-dire l'enlevage à l'essence et le réencrage au rouleau, et l'on n'a plus ensuite qu'à recouvrir cette pierre ainsi préparée d'une couche de gomme qui ne prend que là où il n'y a pas d'encre, et à la soumettre encore à l'encrage ordinaire et à l'acidulation pour obtenir autant d'exemplaires que si le dessin, dont la lumière s'est entièrement chargée, avait été fait avec le crayon et par les procédés connus de la lithographie (1).

(1) Ce procédé ne présente, comme on le voit, rien de commun avec celui de M. Prestch, qui, dans ses brevets, ne parle que de gravure et nullement de photolithographie. La réclamation qui avait été adressée à la Société de Photographie, dans la séance du 20 juin 1856, par M. Duncan-Dallas, représentant de M. Prestch, est donc tout à fait sans fondement. (Note du *Bulletin de la Société française de photographie*, page 48, année 1857.)

» C'est ainsi que votre commission a vu opérer M. A. Poitevin et reporter sur pierre des clichés qui ont été tirés avec un succès qui lui avait fait concevoir des espérances sérieuses. C'est, du reste, la seule chose dont elle aurait pu vous entretenir si elle eût fait son rapport à l'époque où elle vérifiait les opérations de M. Poitevin. Mais pour prouver que son procédé pouvait devenir pratique, il a eu le bon esprit de le mettre en œuvre et de lui donner ainsi la sanction d'un commencement d'exploitation régulière, qui est en définitive l'épreuve la plus sérieuse des inventions. Le procédé dont nous nous entretenons l'a heureusement subie, et M. Poitevin a déjà pu donner à quelques éditeurs des épreuves tirées par son procédé de photolithographie, qui ont été livrées au commerce, ou qui sont destinées à enrichir quelques publications. M. le vicomte de Jansé, pour faire reproduire sa collection de terres-cuites, n'a pas employé moins de 44 clichés. M. Mallet-Bachelier, en publiant dans les *Annales de Chimie et de Physique,* un mémoire de M. G. Ville, a substitué au dessin ordinaire des épreuves obtenues par M. Poitevin, exemple qui ne peut manquer d'être suivi plus tard ; enfin, MM. Gide et Baudry ont fait tirer une première épreuve de dessins variés dont ils ont essayé de faire la base d'un journal destiné à répandre des fac-simile de ces objets de luxe dont le goût, ou mieux la mode, varient les formes tous les jours. On conçoit d'ailleurs que les résultats que l'on obtient dépendent pour leur qualité de celle du cliché que l'on transporte sur pierre. M. Poitevin les accepte tous, et on conçoit qu'il ne peut répondre que du tirage et non du dessin. Au moyen de cette organisation qui lui permet en quelque sorte de nourrir et de développer l'art par le métier, M. Poitevin a pu continuer ses expériences et reproduire quelques belles épreuves de paysages que M. Aguado lui avait confiées. Celles qui représentent un détail de la cathédrale de Reims et qui a été obtenue avec un beau cliché de M. Bisson, figure en ce moment dans votre Exposition, et montre le point le plus avancé que le nouveau procédé ait atteint jusqu'aujourd'hui.

» Tous les résultats ont été du reste obtenus absolument sans retouche, sans aucune espèce d'intervention, dans le dessin, de la main humaine. Dans une de nos séances précédentes, M. Lemercier vous a dit qu'un tirage qui pouvait reproduire jusqu'à cent épreuves commençait à devenir industriel. Ceux que M. Poitevin a exécutés ont bien dépassé cette exigence; la plupart ont été exécutés à 500 exemplaires, sans que la pierre en ait souffert : on voit donc que le dessin photographique est aussi solide que le dessin à la main.

» Le tirage de ces épreuves est du reste un peu plus délicat que celui des produits de la lithographie ordinaire ; il exige quelques soins spéciaux qui le rendent aussi un peu plus coûteux. Mais cette augmentation de prix légère, et qui n'est guère que d'un quart en sus des épreuves de la lithographie, est loin de compenser

la différence notable de prix qui existe entre le dessin
et la production du cliché et du report sur pierre quand
il s'agit surtout de dessins compliqués. Abstraction faite
de l'avantage qu'il y a dans la reproduction de l'image
réelle des objets eux-mêmes, on voit donc que le nouveau procédé de photolithographie, même dès ses premiers pas, présente sur la reproduction par la lithographie ordinaire une notable économie. Elle se maintien-
drait aussi lors même que, pour obtenir de meilleurs
reports, il fallût faire plusieurs dessins sur pierre, afin
de choisir pour le tirage celle où l'épreuve serait la mieux
venue. On conçoit en effet que, selon les changements
d'intensité de la lumière, cette production d'image par
celle qui traverse le cliché présentera dans son exécution
toutes les incertitudes et les variations qui accompa-
gnent l'exécution des épreuves positives. Celles qui sont
exposées en ce moment dans le local de la Société ont
été cependant obtenues sans tâtonnements. Fallût-il en
faire d'ailleurs, le prix de la reproduction ne se trouverait augmenté que de la somme minime qu'exigent les
manipulations nécessaires pour rendre une pierre lithographique, qui a été couverte d'un premier dessin, propre à servir une seconde fois.

» Les quelques détails dans lesquels nous venons
d'entrer montrent que la mise en pratique de la photolithographie a amélioré, d'une manière non douteuse,
l'industrie qui consiste à reproduire et à multiplier les
images des objets. Voyons maintenant ce que méritent

d'éloges ou de critiques les épreuves obtenues par la méthode nouvelle au point de vue de l'art.

» Ce serait une déception que d'attendre dans l'exécution de ce procédé ce fini dans la dégradation des teintes et cette perfection du modelé que présentent les épreuves positives bien faites. Cependant, M. Poitevin a exécuté quelques portraits, et notamment un portrait de femme qui permet d'espérer que son procédé permettra de réaliser tout ce qu'on peut attendre de la lithographie proprement dite. Il serait à désirer que, pour donner la meilleure mesure de la valeur de son procédé sous ce rapport, M. Poitevin voulût bien l'appliquer à la reproduction de quelques plâtres ou de quelques marbres polis.

» En résumé, nous pensons que la mise en œuvre, d'une manière industrielle, des procédés imaginés par M. poitevin est un fait d'une importance sérieuse pour la Photographie. Nous croyons que la Société, en remerciant M. Poitevin de ses intéressantes communications, doit aussi l'engager à persévérer dans une voie qui lui a déjà permis d'apporter à la reproduction et à la multiplication des dessins photographiques des améliorations qui ne sauraient d'ailleurs que s'accroître par une pratique plus longue et plus étendue, que la Société photographique appelle de tous ses vœux. »

Réclamation faite en ma faveur par M. Davanne, *rela-*
tivement à mes droits d'inventeur des procédés dont se
sert le colonel James pour la photozincographie. Application photographique des corps gras. (Bulletin de
la Société française de Photographie, *janvier* 1861,
p. 37.)

M. Davanne s'exprime ainsi :

« En voyant reproduire au complet, par différents
journaux qui s'occupent de photographie, le procédé de
M. le colonel James pour obtenir une épreuve reportée
sur zinc, j'ai été surpris qu'aucun ne rappelât qu'en janvier 1856, M. Poitevin communiquait à notre Société un
procédé basé sur les mêmes réactions et au moyen duquel il avait déjà obtenu à ce moment des reproductions
diverses tirées à l'encre grasse.

» Il résulte de la lecture attentive de l'un et de l'autre procédé que, s'ils ne sont pas identiques, ils ont au
moins la plus grande analogie.

» En effet, dans l'un et dans l'autre, il faut préparer
une surface sensible au moyen d'un mélange de gomme,
d'eau et de bichromate de potasse ; après avoir exposé à
la lumière, on passe une couche d'encre grasse préalablement éclaircie. Cette encre n'adhère que sur les parties frappées par la lumière, l'excès est enlevé dans l'un
et l'autre cas par un lavage.

» M. Poitevin obtient son épreuve soit sur papier,

soit directement sur pierre lithographique. M. James commence par tirer l'épreuve sur papier, il la reporte sur plaque de zinc pour être ensuite traitée par les procédés de la zincographie.

» Si les procédés de M. le colonel James portent exclusivement sur la manière de reporter l'épreuve sur le zinc et de traiter ensuite cette plaque de zinc, nous sommes fondés à dire qu'il a simplement appliqué le procédé Poitevin à la zincographie ; mais si, en parlant des procédés de M. James, on a voulu y comprendre l'ensemble des opérations nécessaires pour obtenir une épreuve à l'encre grasse capable d'être reportée sur pierre ou sur zinc, nous croyons qu'on doit en laisser l'honneur à M. Poitevin. »

Mon procédé de photolithographie ayant concouru pour le grand prix fondé pour récompenser le meilleur procédé d'impression mécanique des photographies, je pense devoir donner ici le rapport qui a été fait à ce sujet, à la séance de la Société française de Photographie de 1861.

Extrait du Bulletin de la Société, *février* 1861 ;
p. 35 *et suivantes.*

« M. Péligot, de l'Institut, donne lecture des conclusions suivantes adoptées par la commission.

8

« Le concours du grand prix de 8,000 francs, fondé
» par M. le duc Albert de Luynes, a pour but la trans-
» formation des épreuves photographiques en planches
» pouvant servir au tirage d'un grand nombre d'épreu-
» ves par les procédés de la gravure ou de la lithogra-
» phie sans l'intervention de la main humaine dans le
» dessin.

» La commission nommée par la Société française de
» photographie pour juger ce concours, après un examen
» attentif des pièces envoyées par les concurrents, a
» adopté les conclusions suivantes.

» La commission s'empresse de constater l'importance
» et l'intérêt des travaux présentés par plusieurs des
» concurrents, notamment par MM. Poitevin, Charles
» Nègre et Pretsch. Ces travaux donnent l'espoir d'une
» solution satisfaisante; mais, considérant que les résul-
» tats obtenus jusqu'à ce jour ne sont pas assez com-
» plets; considérant d'ailleurs, que les auteurs eux-
» mêmes n'ont pas eu le temps, sans doute, de donner
» à l'application de leurs procédés toute la perfection
» dont ils sont susceptibles, la commission décide qu'il
» n'y a pas lieu de décerner le prix quant à présent, et
» que le concours est prorogé jusqu'au 1er avril 1864. »

» M. le président fait observer à l'assemblée qu'en
considération même de l'espoir que donnent à la commission les éléments déjà soumis à son examen, celle-
ci voulant uniquement reculer le terme du concours,
devait ne rien préjuger en ce moment à l'égard des con-

currents et s'abstenir de tout rapport détaillé sur les procédés des auteurs et sur ses propres appréciations.

» Après avoir consulté et fait voter l'assemblée, les conclusions de ce Rapport sont adoptées à l'unanimité *moins une voix*. Le concours a donc été prorogé. Aucun changement n'a été apporté au programme du concours qui a été publié dans le *Bulletin de la société* au mois d'août 1856 (t. II, p. 214).

» Les nouveaux concurrents qui se présenteront seront donc soumis aux mêmes conditions que les concurrents déjà inscrits, dont les droits restent intacts, et qui naturellement pourront compléter leurs communications précédentes. »

Je respecte trop la décision prise par la commission pour venir ici la critiquer en quoi que ce soit. Je dois seulement faire observer qu'en concourant pour ce prix, j'étais dans une condition tout à fait particulière. Telle qu'elle était et qu'elle est encore la photolithographie au moyen des corps gommeux et des bichromates alcalins était entièrement mon œuvre, car la fixation des corps gras m'appartient, et j'avais passé deux années pour trouver successivement les divers tours de mains qui ont amené ce procédé à l'état pratique tel qu'il fonctionne aujourd'hui. J'ai dû, pour des causes que l'on comprendra facilement, faire la cession de mon procédé : je n'étais ni commerçant ni imprimeur. Je ne puis plus maintenant suivre son application et m'occuper de son perfectionnement, puisqu'il faut pour cela des ustensiles que je n'ai pas. Les autres concurrents sont dans des conditions tout à fait opposées sous tous les rapports, ils ont su créer des procédés avec divers faits déjà connus, et de plus ils sont eux-mêmes graveurs habiles et ils n'ont pas dû discontinuer par eux-mêmes l'exploitation de leurs procédés. D'ailleurs un procédé quelconque doit pouvoir être jugé dès qu'il est arrivé à l'état pratique; car si l'on attendait, pour récompenser son auteur, la perfectibilité presque indéfinie vers laquelle tendent tous les procédés, il faudrait attendre que ce procédé eût fait son chemin dans le domaine public, ce qui souvent exige bien des années, et encore après sa perfection il peut être bien appliqué par les uns et mal par les autres.

CHAPITRE IX.

1° Procédé direct par continuation sur collodion, ou moyen d'obtenir immédiatement dans la chambre noire des épreuves positives pour être vues
par transparence, telles que vues stéréoscopiques sur verre, etc. — 2° Nouveau procédé au collodion nitraté. — Travaux faits en 1859.

Positives directes.

§ I. — Plusieurs fois, en expérimentant les procédés
de photographie sur gélatine, que j'ai décrits précédemment, j'avais obtenu lors du développement des images
des réactions dont je n'avais alors pu me rendre compte,
les attribuant à l'impureté des diverses substances que
j'employais ou à l'action que pouvait avoir, sur le nitrate d'argent mélangé à la gélatine, la faible lumière
de l'appartement où je préparais mes glaces. Ces pré-
tendus accidents se produisaient toujours lorsque je
mélangeais du nitrate d'argent à la dissolution de gélatine, pour l'iodurer ensuite ; ne me garantissant de la
lumière que pour la sensibilisation finale que je produi-
sais au moyen d'une dissolution très-peu concentrée de
nitrate d'argent. J'obtenais donc, lors du développement

de l'image sur la plaque impressionnée dans la chambre noire, d'abord une image négative très-peu intense et superficielle, et bientôt après les parties qui auraient dû rester transparentes noircissaient de plus en plus et formaient une image positive dans l'épaisseur de la couche de gélatine. Dans le courant de l'année 1859, en me livrant à de nouvelles recherches de photographie sur gélatine, les mêmes présumés accidents se reproduisirent dans des conditions analogues ; connaissant mieux alors les diverses réactions chimiques qui se produisent en photographie, et sachant que la dissolution d'acide gallique ou bien celle de sulfate de protoxyde de fer, ne donne de noirs par continuation qu'avec le chlorure ou l'iodure d'argent influencé par la lumière en présence d'un oxysel de même base, le nitrate par exemple, je m'aperçus qu'en mélangeant d'abord le nitrate d'argent à la gélatine, elle devenait laiteuse par la production de chlorure d'argent au dépens du nitrate et d'une certaine quantité de chlorure de calcium que la gélatine contient toujours. Ce chlorure étant en présence d'un excès de nitrate d'argent et non abrité de la lumière diffuse pendant l'application et la prise en gelée de la couche de gélatine, pouvait donner une forte coloration noire par l'acide gallique. Me rappelant en outre le principe découvert par M. Bayard, c'est-à-dire que l'iodure de potassium agissait, sous l'influence de la lumière, sur la partie d'une couche de chlorure d'argent précédemment noirci par elle, et produisait de l'iodure d'argent, je fis l'expérience suivante dans l'intention, si elle réussissait, de me servir de ces principes pour obtenir immédiatement dans la chambre noire des images directes, c'est-à-dire sur lesquelles les clairs correspondraient aux blancs de la nature et *vice-versa*. Après avoir sensibilisé à la manière ordinaire une couche de collodion ioduré appliqué sur glace, je l'exposai pendant quelques secondes à la lumière solaire; en la traitant alors par l'acide gallique ou le sulfate de fer j'aurais obtenu une teinte noire générale; au lieu de la noircir ainsi, je la recouvris d'une dissolution étendue d'iodure de potassium et la mis pendant quelques minutes au foyer de la chambre noire, après quoi j'enlevai l'iodure de potassium pour le remplacer par une couche de dissolution de nitrate d'argent, et je traitai par une dissolution d'acide pyrogallique, ou de sulfate de fer. Le liquide continuateur n'eut alors d'action que sur les parties qui n'avaient pas reçu l'impression des blancs de l'image de la chambre noire; quant aux autres, l'iodure de potassium ayant décomposé l'iodure d'argent modifié par la première impression, elles ne furent pas colorées en noir, et j'obtins ainsi une image directe.

J'ai cru devoir entrer dans tous ces détails, pour faire voir que le procédé que je vais décrire a été le résultat d'observations qui me sont personnelles; il se trouve du reste formé par la réunion de deux principes fondamentaux de la photographie, l'un de M. Bayard, l'autre de sir Fox Talbot.

Voici la communication que je fis à ce sujet à la Société française de Photographie (1); le procédé y étant parfaitement décrit, je la copie en entier.

« Pour obtenir dans la chambre noire des épreuves directes, pour être vues par transparence, j'emploie pour préparer la glace du collodion à l'iodure de potassium, mais contenant moins d'iodure que celui dont on se sert ordinairement pour l'obtention des épreuves négatives; je sensibilise à la manière ordinaire, et j'expose pendant quelques secondes la couche à la lumière directe : elle ne change pas d'aspect. J'enlève par un lavage à grande eau l'excès de nitrate d'argent, et je puis laisser la couche impressionnée, pour m'en servir plus tard, ou bien je continue les préparations.

» Pour rendre à nouveau cette couche ainsi impressionnée en totalité, sensible à la lumière, mais en sens contraire, je la recouvre lorsqu'elle est encore humide, ou après l'avoir mouillée si elle était sèche, d'une dissolution contenant pour 100 grammes d'eau 4 grammes d'iodure de potassium, qui doit être très-pur, et surtout ne pas contenir de l'iode libre. Je puis remplacer cette dissolution aqueuse d'iodure, par une dissolution au même titre d'iodure dans l'alcool, lorsque j'ai à traiter une surface séchée après l'impression totale.

» Cette opération, avec l'une ou l'autre de ces dissolutions, doit être faite, bien entendu, à l'abri de la lumière.

(1) *Bulletin de la Société française de Photographie,* novembre 1859; p. 394.

» Cette couche impressionnée et ainsi recouverte d'iodure de potassium est très-promptement influencée par la lumière. Je mets la plaque dans un châssis, et je puis l'employer dans la chambre noire soit de suite, soit après quelques heures. Cependant, conservée trop long-temps elle ne serait plus propre à l'usage, l'iodure agis-sant même dans l'obscurité. Le temps d'exposition dans la chambre noire est environ trois fois plus long que celui nécessaire pour obtenir un cliché négatif avec le même collodion. Après l'exposition à la chambre noire je lave la surface à l'eau distillée pour enlever l'excès d'iodure de potassium, puis je la plonge dans un bain de nitrate d'argent faible, 2 1/2 p. 100 d'eau, et je la traite par l'acide pyrogallique additionné d'acide lactique. Elle ne noircit alors que sur les parties qui n'ont pas reçu l'action de la lumière; je conduis d'ailleurs ce dévelop-pement comme dans le cas ordinaire de l'obtention des clichés, et je fixe de la même manière, c'est-à-dire à l'hyposulfite ou au cyanure faible, ou mieux avec un mélange de ces deux substances. J'obtiens ainsi une image directe, c'est-à-dire où les blancs de la nature ou de l'objet à reproduire sont figurés par des clairs, et les ombres par des noirs plus ou moins intenses, en un mot j'obtiens un résultat opposé de celui de la photographie ordinaire pour négatifs, c'est-à-dire une image positive par transparence.

» Ce procédé permet donc d'obtenir soit des épreuves devant servir de transparents pour être mis aux fenê-

tres des appartements, ou pour être vues dans le stéréoscope, ou de types pour le mode d'impression au
gallate de fer que je décris dans le chapitre suivant. »

Quelques mois après la communication de ce procédé
je présentais à la Société française de Photographie (1)
une série d'épreuves positives obtenues par la méthode
que je viens de décrire, et je joignais à cette présenta-
tion la lettre suivante :

« Les épreuves stéréoscopiques sur verre que j'ai
l'honneur de présenter à la Société photographique, ont
été obtenues par la méthode que j'ai communiquée dans
la séance du 21 octobre dernier (1859). Je n'ai rien
changé au procédé, seulement j'ai employé comme agent
révélateur le sulfate de protoxyde de fer acidulé par de
l'acide citrique ou de l'acide tartrique indifféremment,
au lieu de l'acide pyrogallique.

» J'ose espérer que ces épreuves donnent une idée de
ce que l'on peut obtenir par cette méthode, qui fournit
immédiatement, dans la chambre noire et d'après nature, des images pouvant être vues par transparence
dans le stéréoscope, ce qui évitera aux personnes qui ne
veulent pas multiplier les exemplaires d'un sujet, les
opérations d'un tirage de positives sur verre albuminé,
chose assez difficile comme on le sait et qui n'est pratiquée que dans les ateliers spéciaux.

(1) *Bulletin de la Société française de Photographie,* février 1860;
p. 32.

» On peut aussi s'en servir comme de types pour en reproduire d'autres absolument semblables, en les photographiant par la même méthode et avec les mêmes appareils.

» Ces épreuves peuvent aussi servir à obtenir des clichés négatifs grandis, en photographiant par la méthode actuelle ces positifs placés dans l'appareil mégascopique.

» Ce nouveau mode d'opérer donnera également le moyen d'obtenir des clichés amplifiés, d'après un petit négatif obtenu par le procédé actuel, ce qui évitera de faire d'abord un tirage d'épreuve positive pour la photographier ensuite, comme on l'a fait jusqu'à ce jour. »

Depuis ces publications, j'ai peu appliqué ce genre de Photographie, n'ayant pas habité la campagne où je trouvais de petits points de vue pour ma collection d'épreuves stéréoscopiques; je n'ai donc pu m'occuper que de la partie chimique du procédé, et j'ai recherché s'il n'y avait pas des substances autres que l'iodure de potassium qui pourraient détruire, sous l'influence de la lumière, l'effet produit par la première insolation de la couche de collodion sensibilisé.

D'après ces expériences, je suis porté à croire que beaucoup de substances, tant acides que salines, ont cette propriété; je citerai ici celles que j'ai comparées :

Le cyanure de potassium est très-actif;

L'iodure de potassium l'est un peu moins ;

Le bromure de potassium agit très-peu ;

Le chlorure de sodium, sans action constatée ;

Le cyanure saturé d'iodure d'argent agit très-bien ;

L'iodure et le bromure saturés également d'iodure d'argent agissent très-peu ;

Le chromate neutre de potasse est sans action ;

Le bichromate de potasse a une action sensible ;

Le même acidulé par de l'acide sulfurique agit très-promptement ;

L'acide sulfurique étendu est sans action ;

L'acide chlorhydrique étendu a un effet très-sensible ;

L'iodure avec excès d'iode agit sans l'action de la lumière ;

L'iode en vapeur détruit complétement l'effet de l'insolation première.

Les expérimentateurs peuvent voir qu'un champ assez grand est ouvert à leurs investigations, et que ces sortes de recherches feraient découvrir un grand nombre des réactions inconnues jusqu'à ce jour. Je désire que ces faibles essais les engagent à travailler dans cette voie.

J'ai constaté que le procédé que je viens de décrire peut être employé, soit avec des glaces albuminées, soit gélatinées, ainsi que sur le papier ciré.

Collodion au nitrate d'argent.

§ 2. — La nouvelle méthode de photographie sur collodion que j'ai communiquée, le 20 avril 1860, à la Société française de Photographie (1), n'était pas le résultat d'un essai fait au hasard, dans le seul but de faire le contraire de ce que l'on avait fait jusqu'alors ; je n'étais pas non plus guidé par l'exemple de l'inventeur de la photographie, M. Talbot, qui, dans le principe, préparait son papier négatif, en l'imprégnant d'abord de nitrate d'argent, qu'il transformait en iodure, et qu'il rendait impressionnable par un second bain de nitrate d'argent. Comme on s'en aperçut bientôt, ce premier passage au nitrate d'argent n'était pas nécessaire et il était même nuisible lorsque la feuille nitratée recevait l'action de la lumière avant de l'iodurer ; car, dans ce cas, l'effet de cette insolation n'étant pas détruit par l'iodure, il se traduirait en noir sur l'épreuve négative(2). Je n'aurais donc jamais tenté d'appliquer avantageusement ce mode d'opérer à la photographie sur collodion, pour obtenir des négatifs, si les essais que j'avais faits relativement à l'action de la lumière sur certains corps, tels que le bichromate de potasse, le perchlorure de fer,

(1) *Bulletin de la Société française de Photographie,* année 1860, p. 114.

(2) Je prie le lecteur de se reporter à ce que j'ai dit dans le paragraphe précédent.

le nitrate et le lactate d'urane, ne m'avaient fait reconnaître que ces corps n'étaient nullement réduits par elle, lorsqu'ils étaient appliqués sur verre avec le collodion pour véhicule (1). J'ai supposé qu'il en serait de même pour le nitrate d'argent, et j'ai constaté que l'on pouvait préparer avec ce sel un collodion nitraté ne s'altérant ni par le temps, ni sous l'influence de la lumière solaire. J'ai plusieurs fois constaté que le nitrate d'argent de ce collodion insolé, puis appliqué sur glace n'était pas noirci par les acides gallique et pyrogallique, ni par le sulfate de protoxyde de fer. Je le conserve sans l'abriter de la lumière et après les opérations subséquentes, c'est-à-dire le passage au bain d'iodure et la sensibilisation au nitrate d'argent faible, il m'a toujours fourni de très-bonnes épreuves, aucunement voilées dans les clairs. Ce procédé m'a donné des résultats très-constants, et comme il serait moins dispendieux que le procédé ordinaire au collodion ioduré, puisque l'on peut avec lui se dispenser d'un bain abondant de nitrate d'argent, j'ose espérer qu'il serait d'un emploi avantageux surtout pour les personnes ne faisant pas chaque jour des négatifs. Voici ma manière d'opérer.

A du collodion normal et ne contenant pas d'iodure de potassium ou autres, j'ajoute assez d'alcool saturé de

(1) Plusieurs opérateurs ont tenté en vain depuis de former des collodions au nitrate d'urane; je citerai entre autres M. Hagen. (*Journal of the Photographic Society.* London, nov., 1858. — *Bulletin de la Société française de Photographie*, 1859, p. 42.)

nitrate d'argent pour que 100 grammes de mélange renferment au moins 1 gramme 1/2 de nitrate. L'alcool dissolvant environ 4 p. 100 de nitrate, il en faut environ 40 gr. pour 60 de collodion normal suffisamment épais et aussi peu alcoolique que possible.

J'étends la couche de collodion à la manière ordinaire, sur la glace parfaitement nettoyée, je laisse sécher cette couche pendant une minute environ, et je plonge la glace dans une dissolution d'iodure de potassium contenant 2 ou 3 grammes d'iodure p. 100 d'eau. Ces opérations peuvent se faire en pleine lumière, l'iodure d'argent n'étant pas modifié, comme on sait, en présence d'un excès d'iodure. On peut aussi remplacer le bain d'iodure par un bain de cyanure de potassium, fait dans les mêmes proportions et saturé d'iodure d'argent.

Pour rendre sensible la couche de collodion, j'enlève par des lavages à l'eau ordinaire l'iodure en excès, et je verse ensuite à sa surface et à plusieurs reprises une dissolution faible de nitrate d'argent, 4 à 5 grammes de nitrate p. 100 d'eau. Cette dernière opération se fait dans le cabinet noir, et l'on obtient ainsi une couche très-sensible et pouvant s'impressionner dans la chambre noire aussi promptement que celles préparées par la méthode ordinaire.

Le développement s'effectue par les réducteurs connus, acide pyrogallique ou sulfate de protoxyde de fer.

J'ai dans ces derniers temps fait un emploi très-avantageux du collodion au nitrate d'argent pour faire des tirages de positifs sur verre, et obtenir des épreuves pouvant être vues par transparence ou être reportées sur papier. Voici mon mode d'opérer.

Sur une glace, j'applique du collodion nitraté et je la plonge ensuite dans une dissolution de chlorure de sodium à 3 ou 4 gr. de sel pour 100 d'eau; je lave, et je verse à la surface une couche mince de dissolution de gélatine additionnée de nitrate d'argent en quantité convenable pour qu'il ne cristallise pas dans l'épaisseur de la couche de gélatine. Je laisse sécher spontanément et dans l'obscurité cette préparation. Je fais le tirage à la manière ordinaire à travers le négatif à reproduire; lorsque l'épreuve est assez intense, je lave à l'eau ordinaire, puis à l'eau légèrement salée, pour transformer tout le nitrate d'argent qui pourrait encore rester dans la gélatine; je vire au chlorure d'or faible, et je fixe à l'hyposulfite, et après un lavage convenable, je puis enlever cette épreuve sur papier gélatiné. Les épreuves ainsi obtenues sont très-belles, elles ont beaucoup de transparence et sont peu dispendieuses à produire. Le papier gélatiné qui sert pour l'enlevage n'a pas besoin d'être de qualité supérieure, comme celui employé dans le tirage actuel, de plus le fixage et le virage exigent peu de produits, et le lavage une petite quantité d'eau, et de plus un temps plus court.

CHAPITRE X.

Des effets chimiques de la lumière. — Impression au gallate de fer, etc.

Tous les corps soumis à la lumière l'absorbent ou la réfléchissent plus ou moins : c'est pourquoi les rayons lumineux leur donnent l'éclat et la couleur ; les rayons calorifiques en élèvent la température, mais, dans l'un et l'autre cas, sans en changer la nature ou la composition chimique, tandis qu'une troisième sorte de rayons, agissant sur certains corps, modifie dans sa quantité leur état moléculaire : ce sont les rayons chimiques. Je m'occuperai ici des effets produits par ces derniers, car ce sont eux qui nous fournissent les divers moyens de rendre permanente, ou d'imprimer sur une surface convenablement préparée, l'image lumineuse que l'on y projette ou que l'on y forme momentanément.

Pour que la lumière effectue la composition ou la réduction d'une substance, il faut que celle-ci soit en contact ou mélangée avec une autre substance qui puisse lui fournir l'élément acquis, dans le cas de composition ; ou bien absorber l'élément perdu s'il y a réduction, et former avec un composé plus stable à la lumière, dans les mêmes conditions toutefois. Je donnerai quelques exemples :

L'hydrogène s'unit au chlore sous l'influence des rayons chimiques ; — le bitume de Judée, certaines huiles, la résine de gaïac, s'oxydent aux dépens de l'air, tandis que dans le vide ou dans un autre gaz, la lumière n'a pas d'action sur elles. Le gaïac devient bleu dans les rayons chimiques du spectre, les rayons jaunes et rouges lui font perdre l'oxygène acquis dans les premiers.

Les matières organiques gommeuses s'oxydent sous l'influence de l'oxygène que leur fournit l'acide chromique des bichromates, et deviennent moins solubles dans l'eau.

Quant aux corps décomposés par la lumière, parmi les composés binaires, ceux d'or et d'argent, oxydes, chlorures, bromures, iodures, etc., sont les seuls qui soient ramenés à l'état métallique, l'élément électro-négatif étant absorbé par un corps en présence ou bien même se dégageant dans l'air ambiant. — Ceux de fer, d'urane, de plomb, etc., au maximum d'oxydation, perdent seulement une partie de leur oxygène.

Dans les sels, l'acide est quelquefois décomposé : par exemple l'acide chromique des bichromates et l'acide nitrique du nitrate d'argent lorsqu'ils sont mélangés avec une matière organique.

Il en est de même des sels de sesquinoxyde de fer et

d'urane, qui, en passant à l'état de sels au minimum, deviennent des réducteurs énergiques des sels d'or et d'argent.

Mais, comme je l'ai dit, il est indispensable, pour qu'il y ait réduction, que le corps soit mélangé avec une substance dont au moins un des éléments électro-positifs puisse s'unir à l'élément électro-négatif qui doit être éliminé. Ces substances sont ordinairement des composés d'origine organique dans lesquelles les affinités de l'hydrogène et du carbone qu'elles renferment ne sont pas satisfaites; on peut donc les considérer comme des combustibles, tandis que les corps réductibles seraient des comburants. Les substances qui sont déjà au maximum d'oxydation, comme le coton-poudre, par exemple, ne sont pas aptes à faciliter la réduction des corps par la lumière; aussi peut-on dissoudre du nitrate d'argent et d'urane, du perchlorure de fer, etc., dans du collodion et soumettre ce mélange à la lumière sans qu'il y ait aucune réduction. Je ferai remarquer ici, que presque tous les composés que la lumière réduit sont de couleur jaune orangée ou rouge, ou bien l'un de leurs éléments a une de ces couleurs. Je puis citer pour exemples le chlore, le brôme, l'argent, l'or, les bichromates, les sels de fer et d'urane au maximum, etc., etc...., qui ont ces couleurs et sont tous sensibles à la lumière, ou forment des combinaisons décomposables par elle.

Beaucoup de composés de couleur blanche, peu sensibles à la lumière, ou sur lesquels elle est sans action, pourraient peut-être être réduits par elle, si artificiellement on leur donnait la propriété d'absorber les rayons bleus et violets ; c'est une étude toute nouvelle à laquelle je me livrerai, et que dès à présent je signale aux investigateurs.

Je ne m'étendrai pas davantage sur ces généralités toutes théoriques. Je vais exposer mes expériences sur certains agents de réduction par la lumière des divers sels au maximum, et l'application que j'en ai faite à l'impression photographique au gallate de fer et au charbon ou autres couleurs inertes.

Alloxantine et bichromate de potasse.

En 1858, j'étais dans une fabrique de produits chimiques où l'on traitait l'acide urique pour le transformer en alloxane, alloxantine et finalement en murexide. Je voulus essayer l'action de la lumière sur les bichromates alcalins mélangés avec ces produits, sachant d'ailleurs que l'alloxantine est très-avide d'oxygène. L'emploi de cette dernière substance fut le seul qui me donna un résultat applicable à la photographie.

Je constatai alors que le mélange à volumes égaux de dissolutions concentrées d'alloxantine et de bichromate de potasse, appliqué sur le papier, est très-sensible à la lumière, et que la réduction de l'acide chromique est ainsi plus complète qu'en employant le bichromate seul. J'essayai le même mélange avec les gommes sur pierre, mais il n'y eut pas d'effet utilisable. Quant à l'alloxantine oxydée, elle ne produisit pas non plus de composé photographique. Je dus donc chercher à tirer parti de l'acide chromique non réduit, dans les endroits garantis de l'action de la lumière, et j'imaginai les deux modes d'impression suivants :

1° En impressionnant à travers un positif une surface de papier recouverte de bichromate de potasse et d'alloxantine, et en la plongeant ensuite dans une dissolution de nitrate d'argent, il se forme, mais d'une manière plus nette que si le bichromate eût été employé seul, du chromate d'argent aux endroits non impressionnés. On obtient même ainsi une très-belle image positive de couleur rouge qu'un simple lavage à l'eau fixe pour quelque temps seulement, car le chromate d'argent s'altère spontanément après quelques jours, même dans l'obscurité.

Pour rendre permanente cette image, j'immerge le papier qui la porte dans une solution peu concentrée d'iodure de potassium : il se forme aussitôt de l'iodure d'argent et du chromate de potasse. Je lave à l'eau distillée et je sensibilise l'iodure d'argent qui forme le dessin en plongeant la feuille dans une dissolution très-étendue de nitrate d'argent; je lave à plusieurs eaux, et j'expose durant quelques secondes à la lumière. Je traite ensuite par une dissolution d'acide gallique qui donne une très-belle épreuve en noir qu'un lavage à l'eau salée et à l'hyposulfite de soude fixe complétement;

2° En traitant après l'impression à travers un positif, comme précédemment, par un mélange de dissolutions d'acide gallique et de sulfate de protoxyde de fer, ou mieux de protochlorure de fer (que je prépare au moment d'en faire usage, en versant, dans une dissolution de sulfate de fer, un excès de chlorure de baryum), il se produit aussitôt une très-belle image formée par du gallate de fer dans les endroits où le bichromate n'a pas été décomposé; quelques lavages à l'eau ordinaire suffisent pour fixer ce dessin. Si l'on opère de même sur une glace recouverte d'un mélange de 2 grammes de gélatine dissous dans 30 centimètres cubes d'eau et additionnés de 5 centimètres cubes d'un mélange à volumes égaux d'alloxantine et de bichromate de potasse, on obtient une épreuve positive d'une très-grande finesse. Ce procédé, à part l'usage de l'alloxantine, a de grandes analogies avec des procédés à l'encre, proposés par diverses personnes; il en diffère cependant en ce que je n'emploie qu'un seul bain révélateur; le dessin y gagne beaucoup en fermeté.

Alloxantine et bichlorure de mercure.

À l'abri de la lumière, la dissolution d'alloxantine ne précipite pas celle de bichlorure de mercure; mais,

au soleil, il se forme un dépôt de protochlorure de mercure, tandis que des bulles de gaz se dégagent. Le papier recouvert de ce mélange et exposé à la lumière,
sous un cliché, noircit dans les parties influencées
lorsqu'on le plonge ensuite dans de l'eau ammoniacale
ou contenant de l'hyposulfite de soude.

L'*alloxantine* rend plus sensible à la lumière le *perchlorure de fer*, le *cyanoferrure* et le *cyanoferride de
potassium*, qui, appliqués seuls sur le papier, ne sont
réduits que très-lentement.

Dans ce cas, le perchlorure de fer est ramené à l'état
de protochlorure, corps sur lequel le cyanoferrure de
potassium est sans action, tandis que le cyanoferride
lui communique une teinte bleu de prusse; le tannin
et l'acide gallique ne colorent en noir que les parties où
le perchlorure n'a pas été décomposé. L'alloxantine
blanchit le tannate ou gallate de fer produit et donne
un composé insoluble que bleuit le cyanoferrure de
potassium.

L'alloxantine et le cyanoferrure de potassium donnent sur le papier une couche qui verdit sous l'influence
de la lumière; les acides ramènent au bleu cette couleur verte; la dissolution de sulfate de cuivre ne colore en rouge que les parties qui n'ont pas été réduites
par la lumière.

L'alloxantine et le cyanoferride de potassium donnent
une couche qui, après exposition partielle à la lumière,
bleuit par le perchlorure de fer dans les endroits in-

fluencés par elle, ce qui prouve que la lumière a réduit le cyanoferride en cyanoferrure.

En me basant sur ces faits, j'ai préparé un excellent papier positif en appliquant d'abord une couche de dissolution de perchlorure de fer et d'alloxantine, la faisant sécher dans l'obscurité, puis en plongeant le papier dans une dissolution de cyanoferride de potassium et d'alloxantine. Ce papier est très-sensible à la lumière, il bleuit un peu, le cyanoferride formant du bleu de prusse avec le protochlorure qui se produit; mais une dissolution de cyanoferride donne sur les parties impressionnées un très-beau bleu ; des lavages à l'eau ordinaire suffisent pour fixer ces épreuves bleues, que l'on peut d'ailleurs transformer aussitôt en dessins à l'encre (gallate de fer) en les plongeant dans de l'eau contenant de l'acide gallique avec de l'ammoniaque en excès.

L'alloxantine en dissolution précipite le nitrate d'argent. Un papier recouvert de dissolution d'alloxantine séché et puis plongé dans une dissolution de nitrate d'argent est très-sensible à la lumière; il peut être employé pour tirer des épreuves que l'on développe ensuite par l'acide gallique.

Bien avant d'employer les sels d'urane comme réducteurs des sels au maximum, j'avais, en mars 1857, expérimenté l'action de la lumière sur le lactate d'urane que l'*Annuaire de Chimie* de Millon et Reiset, année 1848, p. 281, indique comme très-sensible à la lumière. Je savais, en outre, que tous les sels jaunes d'uranium sont ramenés par la lumière à l'état de sels verts, qui réduisent les sels d'or et d'argent; mais je ne connaissais pas l'application qui avait déjà été faite, en Angleterre, du nitrate d'urane pour remplacer le citrate de fer dans le procédé chrysotype de Herschell. Je préparai donc du papier avec une dissolution de lactate d'urane, et le soumis à la lumière sous un négatif. Une image très-nette se forma; elle était de couleur brune; j'essayai de la fixer par un lavage, mais l'eau la fit disparaître; j'employai alors divers réactifs, et ce ne fut qu'avec le nitrate d'argent que j'obtins une image stable; ce fait me parut intéressant et très-utilisable. Cependant je ne continuai pas ces essais, étant trop occupé de l'impression photolithographique, que j'exploitais alors et que je tâchais de rendre industrielle. Ce ne fut que quelque temps après que M. Niepce de Saint-Victor commença ses recherches photographiques sur le nitrate d'urane; il en publia le résultat à l'Académie des Sciences, et je connus plus tard son travail par les *Bulletins de la Société de Photographie* (août 1858 et mai 1859). Ce travail de M. Niepce n'était nullement fait au point de vue chimique, puisqu'il expliquait la réduction des sels d'or et d'argent par le sel d'urane insolé comme étant due à un emmagasinement de lumière, confondant ainsi l'effet avec la cause. Je ne repris mes essais que dans les premiers mois de 1859; je m'expliquais alors parfaitement la réaction

que j'avais remarquée en 1857, et je constatais à nouveau que les sels de sesquioxyde d'uranium étaient ramenés, par la lumière, à l'état de sels de protoxyde, qui
réduisaient les dissolutions de nitrate d'argent et de
chlorure d'or; et de plus, que le papier au nitrate d'u-
rane, après l'impression lumineuse à travers un négatif,
donnait, avec le cyanoferride de potassium, une image
de couleur rouge-brun de cyanoferride d'uranium,
image que l'on pouvait fixer par un simple lavage à
l'eau pure ou acidulée par l'acide chlorhydrique. Je
transformais aussi cette image rouge en noire, en la
traitant par de l'eau faiblement chargée de perchlorure de fer; il se formait du bleu de prusse, le bleu et
le rouge donnant du violet foncé. Mais en prolongeant
l'action du perchlorure, tout le ferrocyanide d'uranium
était transformé en cyanoferride de fer, et au lieu de
l'épreuve rouge brique, j'obtenais une épreuve en bleu
de prusse.

Les divers travaux sur le nitrate d'urane employé
seul sur le papier sont assez complets et bien connus;
je n'en dirai rien ici, je ne parlerai que de l'emploi que
j'ai fait de ce sel mélangé à d'autres sels au maximum,
dans le but d'accélérer leur réduction par la lumière.

Si à une dissolution concentrée de bichromate de
potasse, on ajoute de la dissolution d'azotate d'urane,
il se forme un précipité jaune pâle de chromate d'urane
qu'un excès d'azotate dissout. Le papier recouvert de
ce mélange est jaune; il blanchit d'abord à la lumière,

puis il devient rose. Si l'on opère sous un négatif, et que l'on traite ensuite le papier par une dissolution de nitrate d'argent, il se forme du chromate d'argent sur les parties non influencées; on obtient ainsi avec un positif une image positive en rouge, dont on peut tirer le même parti que dans le procédé cité plus haut de l'alloxantine avec le bichromate de potasse, d'ailleurs on est ici absolument dans les mêmes conditions. Par une dissolution de tannin, aucune action apparente ne se produit, mais en le plongeant ensuite dans une dissolution faible de perchlorure de fer, de l'encre se forme sur toutes les parties où la lumière a agi.

Sur ce papier le cyanoferrure de potassium colore en rouge brun les endroits non impressionnés, il s'y forme du cyanoferride d'uranium.

Le cyanoferride ne produit pas d'effet apparent, mais en traitant ensuite par le perchlorure de fer, il se forme du bleu de prusse sur les parties impressionnées.

Le papier préparé avec un mélange de bichlorure de mercure et de nitrate d'urane est très-sensible, et après l'impression lumineuse, l'ammoniaque ou l'hyposulfite de soude donne du noir sur les parties impressionnées, c'est-à-dire où il s'est formé du protochlorure de mercure.

Le papier préparé avec un mélange de perchlorure de fer et de nitrate d'urane, est très-sensible à la lumière; de jaune il passe au blanc. Le nitrate d'urane est d'abord réduit à l'état de sel de protoxyde qui ramène le perchlo-

rure de fer à l'état de protochlorure. Après l'impression
à travers un négatif, les dissolutions d'or et d'argent
y produisent un dessin en or ou argent métallique.

Le cyanoferrure de potassium brunit les parties non
impressionnées en y formant du cyanoferride de fer et
du cyanoferride d'uranium.

Le cyanoferride de potassium colore en bleu seulement les parties impressionnées : il s'y forme du cyanoferride de fer. Cette réaction est très-nette et peut être
utilisée pour le tirage des positives, puisque l'on peut
facilement transformer les épreuves en bleu de prusse
en épreuves à l'encre ordinaire et *vice versa*.

Les dissolutions de tannin et celles des acides gallique et pyrogallique produisent de l'encre sur les endroits qui n'ont pas reçu l'action de la lumière, c'est-
à-dire où le perchlorure de fer n'a pas été décomposé. Cette réaction est également très-nette; c'est elle
que j'ai surtout appliquée, et qui a constitué le mode
d'impression photographique au gallate de fer que j'ai
communiqué à la Société de Photographie, le 20 mai
1859. Voici la description que j'en donnais (1) :

« Je fais séparément deux dissolutions, l'une de perchlorure de fer 10 grammes p. 100 grammes d'eau ordinaire, l'autre de nitrate d'urane 10 grammes p. 100
grammes d'eau. Je mélange ces deux dissolutions, je

(1) *Bulletin de la Société de Photographie*, juin 1859, p. 157 et suivantes.

prends de bon papier photographique (le mince est à préférer); je l'étends pendant quelques secondes sur une couche d'eau ordinaire pour humecter le côté qui doit recevoir la préparation. Je l'applique ensuite du côté sec, sur une glace ou une planchette de dimension un peu moindre que celle de la feuille de papier, puis je verse à sa surface une quantité suffisante du mélange des deux dissolutions, et par un mouvement d'oscillation je fais parcourir, au liquide, et à plusieurs reprises, toute la surface, je reverse ensuite l'excédant dans le flacon. Ce mélange ne s'altère pas étant conservé dans l'obscurité, il n'est sensible qu'à la lumière.

» La feuille ainsi préparée, à la lumière diffuse, je la laisse sécher spontanément dans un endroit obscur, en la suspendant par un angle. A l'état sec, elle a une couleur jaune foncé assez intense. Je l'impressionne à travers le dessin que je veux reproduire. Ce dessin doit être positif, car les parties influencées du papier ainsi préparé donnent du blanc ; un positif sur verre est l'écran le plus avantageux. Je puis aussi employer une épreuve positive sur papier, après toutefois l'avoir cirée pour lui donner plus de transparence. L'exposition derrière le cliché positif est de quinze à vingt minutes au soleil; elle doit varier d'ailleurs selon l'intensité de l'écran ; en tout cas, je puis juger l'action de la lumière par la couleur du papier, qui passe au blanc sous les clairs du cliché; cette décoloration doit pénétrer le papier. Dans les parties décolorées, le perchlorure a été ramené à l'état

de protochlorure, lequel ne se colore pas sous l'influence de l'acide gallique que j'emploie pour déve·
lopper l'image.

» Pour avoir le dessin en noir d'encre, je mouille la
feuille comme en premier lieu, sur de l'eau ordinaire,
je la laisse égoutter, je l'applique sur une planchette ou
une plaque de verre, puis je verse à la surface une dissolution d'acide gallique ou pyrogallique à 2 p. 100, ou
même de l'infusion concentrée de noix de galle.

» L'acide gallique donne, avec les portions de perchlorure de fer non décomposées par la lumière une
teinte violet foncé. L'acide pyrogallique donne une couleur d'un gris mine de plomb. Le mélange des deux
acides donne une couleur intermédiaire que l'on varie à
volonté.

» Pour fixer l'épreuve, il suffit de la laver à l'eau
ordinaire que je renouvelle plusieurs fois; je l'éponge
ensuite et la laisse sécher : la couleur monte de ton en
séchant. Les épreuves ainsi obtenues sont aussi inaltérables aux agents atmosphériques que l'écriture ordinaire. Ce procédé offre donc le double avantage de la
durée et du bon marché ! »

La publication de cette première partie de mes expériences sur la décomposition des sels de peroxyde de fer
par la lumière, et en présence de corps réducteurs, a
appelé l'attention de savants expérimentateurs.

M. le duc Albert de Luynes, en communiquant ses
remarquables procédés d'impression des positives à

l'or et au platine, a eu la générosité de citer mon nom et de dire que mes expériences avaient suggéré les siennes qu'un succès complet a couronnées (1).

Depuis, M. le docteur Phipson a imaginé un procédé extrèmement rationnel de photographie au gallate de fer (2). Il emploie l'oxalate de peroxyde de fer qui de soluble devient insoluble par l'action de la lumière lorsqu'il est en contact d'une matière organique, le papier, en passant alors à l'état d'oxalate de protoxyde. Après l'insolation, un lavage enlève le sel resté soluble dans les parties préservées de la lumière par les noirs du cliché. Il fait ensuite apparaître l'image au moyen de différents réactifs tels que le cyanoferrure de potassium ou l'acide pyrogallique additionnés toutefois d'un oxydant tels que l'acide nitrique ou le permanganate de potasse. Ce procédé doit donner d'excellents résultats ; il a, comme on peut le voir, de grands rapports avec celui que j'ai proposé ; mais il a l'avantage de permettre l'emploi de négatifs, tandis qu'il faut un écran positif pour opérer avec ma méthode, le sel de protoxyde formé, le protochlorure de fer, étant soluble.

Disons aussi que M. Wothly (1) de Munich s'est admirablement servi du perchlorure de fer et de ses analo-

---

(1) *Bulletin de la Société française de Photographie*, novembre et décembre 1859, p. 302 et 337.

(2) *Moniteur de la Photographie* (1er octobre 1861).

(3) *Bulletin de la Société de Photographie*, novembre 1861, p. 284.

gues, ainsi que du tannin du cachou (acide catéchique), pour produire des épreuves qui ne le cèdent en rien, par l'aspect, à celles tirées au moyen des sels d'argent. Bien qu'en publiant son procédé, M. Wothly n'ait pas rappelé mes travaux antérieurs à ce sujet, il n'est pas probable qu'il les ignorait, car il doit être très au courant de tout ce qui se fait en photographie, lui dont le nom est très-avantageusement connu dans cet art.

CHAPITRE XI.

Je continuai mes expériences sur la réduction des divers sels de fer au maximum, au point de vue de ce genre d'impression au gallate de fer, et je cherchai à substituer au nitrate d'urane des produits moins chers et plus actifs. Parmi les sels de fer au maximum, après le perchlorure, c'est le nitrate de peroxyde que j'ai trouvé le plus convenable ; quant aux réducteurs, la glycérine, l'oxalate d'ammoniaque et surtout l'acide tartrique remplacent avantageusement le nitrate d'urane, et c'est même de l'acide tartrique dont je me suis depuis exclusivement servi.

Le 18 mai 1860, je communiquais les résultats de ces nouveaux travaux, et j'en donne ici un extrait tiré du Bulletin (1) :

« Je fais une dissolution contenant 10 gr. de perchlorure pour cent grammes d'eau, j'y ajoute 3 gr. d'acide

(1) *Bulletin de la Société française de Photographie*, juin 1860, p. 147 et suivantes.

tartrique, j'applique le papier sur ce mélange, je laisse
sécher ensuite dans l'obscurité, et au moment de l'employer je complète la dessiccation en l'exposant, pendant
quelque temps, à une douce chaleur. Le papier ainsi
préparé est jaune foncé lorsqu'il est sec; la lumière le
décolore très-promptement, et dix à douze minutes au
soleil suffisent pour l'impressionner convenablement à
travers un positif sur verre. Pour le tirage on est guidé
par la décoloration du papier, et même, pour la faciliter,
j'ajoute à la dissolution de perchlorure de fer et d'acide
tartrique une quantité suffisante de solution de sulfo-
cyanure de potassium, pour que le papier recouvert de
ce mélange soit d'une couleur rouge de sang après sa
dessiccation; cette couleur disparaît proportionnellement
à la quantité de lumière qui traverse le cliché, en même
temps que le persel de fer est réduit; on a ainsi, après
l'exposition, un dessin en rouge sur fond blanc. Cette
couleur rouge n'est pas stable, elle disparaît après quelques jours, même en conservant l'épreuve dans l'obscurité.

» Pour fixer le dessin ainsi obtenu et pour le faire
apparaître en noir, je lave rapidement le papier dans de
l'eau ordinaire, ou mieux chargée de craie en suspension; la couleur rouge disparaît, une partie du protochlorure de fer formé s'en va, et du perchlorure est
transformé en sesquioxyde de fer. Je remplace l'eau par
une dissolution d'acide gallique et de tannin, et l'image
apparaît peu à peu en noir d'encre. Lorsque je la juge

suffisamment intense, je lave à l'eau de pluie, de préfé-
rence à l'eau ordinaire qui, généralement calcaire, colore en brun les acides gallique et tannique ; j'éponge
entre du papier buvard, et je laisse sécher spontanément.

» Si au lieu d'acide gallique, j'emploie une dissolution
faible de cyanoferride de potassium (prussiate-rouge de
potasse), il se forme du bleu de Prusse dans les endroits
influencés par la lumière, la préparation est même assez
sensible pour permettre de prendre des images dans la
chambre noire et les développer au cyanoferride.

» Quant aux épreuves au gallate de fer, on peut les
transformer en dessins en bleu de Prusse en les immergeant dans de l'eau légèrement acidulée par l'acide sulfurique et additionnée de cyanoferrure de potassium
(prussiate jaune), ou dans une dissolution d'alloxantine
et de cyanoferrure. »

Je terminais en disant que le papier bien encollé à
l'amidon était le meilleur pour ce genre de tirage, je
présentais des épreuves obtenues sur papier par ce procédé ainsi que des dessins de broderie sur calicot et sur
étoffe de laine.

Je dois dire que les épreuves à l'encre faites sur papier
ordinaire manquent de fermeté ; de plus, elles sont toujours un peu dans l'épaisseur du papier, et paraissent
plus belles vues par transparence que par réflexion.
Cependant ce moyen est si simple et si peu coûteux qu'il
peut être employé dans beaucoup de circonstances où

un calque suffit. Si l'on désire avoir des épreuves plus parfaites, il faut alors agir sur papier collodionné, que je prépare de la manière suivante :

Sur une glace bien nettoyée, j'applique une couche de collodion normal ordinaire, je la plonge dans l'eau, et lorsque l'aspect graisseux a disparu, je la retire et la lave à l'eau faiblement acidulée, puis à l'eau ordinaire ; j'applique ensuite sur le collodion le côté gélatiné d'une feuille de papier, préalablement mouillée de la dissolution de perchlorure de fer et d'acide tartrique, puis j'enlève par un angle : le collodion reste adhérent au papier gélatiné. Ce papier est très-sensible à la lumière, et avec lui on obtient des épreuves d'une grande netteté. On opère d'ailleurs comme précédemment.

Ce fut en me livrant à ce dernier procédé d'impression au gallate de fer, que je remarquai que le papier devenait imperméable à l'eau par la préparation au perchlorure de fer et à l'acide tartrique, et que l'action de la lumière le rendait ensuite très-perméable à ce liquide : c'était précisément l'inverse de ce que Herschell avait remarqué, en 1842, en préparant des papiers à l'ammonio-citrate de fer, car alors la préparation rend le papier humide, la lumière le dessèche ensuite et le rend imperméable (1).

Dans l'un et l'autre cas, il y a bien réduction des sels de fer au maximum, en sels au minimum ; mais l'am-

(1) De Valicourt, Manuel Roret, 1854, p. 241.

monio-citrate donne en se réduisant un produit non déliquescent ; tandis que dans ma préparation, il se forme
d'abord, sous l'influence de la lumière, de l'acide chlorhydrique qui détruit l'encollage, et de plus du protochlorure de fer qui est déliquescent.

2me *Méthode d'impression au charbon.*

Je pensai aussitôt au parti que je pourrais tirer de
cette observation toute nouvelle, pour fixer les encres
grasses, ou les couleurs en poudre. Cette réaction se
produisant sur le papier n'était pas utilisable ; mais en
préparant des surfaces de verre dépoli, j'observai le
même fait, mais alors ayant lieu avec une netteté extrême. Je l'utilisai aussitôt (28 mai 1860). Je fis quatre
épreuves, la première en poudre de bleu minéral : je constatai une adhérence très-régulière sur les parties influencées et surtout proportionnelle à l'impression lumineuse ; la seconde fut faite avec du noir d'ivoire, la troisième en noir de fumée, et enfin la dernière, qui me
réussit le mieux, en poudre de plombagine. Je me mis
depuis lors à travailler sérieusement ce procédé.

Le 11 juin suivant, je déposais à ce sujet un paquet
cacheté à l'Académie des Sciences, et le 28, je deman-
dais à la préfecture de la Seine un brevet qui me fut
délivré le 10 août suivant. Le 20 juillet, je présentais à
la Société de Photographie des spécimens de ce nouveau

prócédé, et le 26 octobre, j'en faisais la description complète à cette même Société (1).

Depuis, M. Dumas m'a fait l'honneur de présenter en mon nom, à l'Académie des Sciences, un Mémoire à ce sujet ainsi que des spécimens tant sur papier que vitrifiés (2).

Je donnerai ici la description la plus complète que j'en ai faite dans le *Moniteur de la Photographie*, p. 50, année 1861, elle renferme tout ce que j'avais dit antérieurement, et elle est en outre plus pratique.

1° *De la liqueur sensibilisatrice.*

Elle est formée, comme je l'ai dit plus haut, de perchlorure de fer et d'acide tartrique, tous deux dissous dans de l'eau ordinaire. J'emploie le perchlorure de fer desséché et que l'on trouve ordinairement dans le commerce en morceaux irréguliers, le perchlorure pur et cristallisé n'étant pas indispensable, et de l'acide tartrique soit en cristaux, soit en poudre. Pour préparer une dissolution de 500 centimètres cubes ou un demi-litre, par exemple, je pèse 55 grammes de perchlorure,

(1) *Bulletins de la Société française de Photographie*, août 1860, p. 212 et novembre, p. 304.

(2) *Comptes rendus de l'Académie*, février 1861, et *Annales de Physique et de Chimie*; 3e série, t. LXII.

que je fais dissoudre dans 150 centimètres cubes environ d'eau ordinaire, et 20 grammes d'acide tartrique que je dissous également dans 150 centimètres cubes d'eau ; je filtre séparément ces deux dissolutions, puis je les mélange, et j'y ajoute assez d'eau ordinaire pour avoir un volume total de 500 centimètres cubes ou un demi-litre. Cette dissolution doit être conservée à l'abri de la lumière et elle peut servir jusqu'à son épuisement. Si l'on voulait employer le perchlorure en cristaux au lieu de perchlorure ordinaire, il faudrait n'en prendre que 40 grammes au lieu de 55 ; mais, je le répète, il n'y a aucun avantage à employer ce produit, qui est d'ailleurs d'un prix beaucoup plus élevé que l'autre. Le perchlorure saturé de chlore est celui qui me réussit le mieux,

2° Des verres ou glaces et de leur préparation,

Je forme ordinairement l'épreuve positive au charbon, ou autre couleur en poudre inerte, sur une surface de verre dépoli, à grain très-fin et que l'on appelle douci. Comme on le pense bien, la finesse de l'épreuve dépendra de la régularité et de la finesse du grain de la surface de verre. Les verres semblables aux dépolis des chambres noires ou ceux qui servent à monter les épreuves stéréoscopiques sont très-bons, mais il serait préférable d'employer des glaces doucies d'un côté et polies de l'autre. La surface à préparer ayant été lavée à la potasse, ou à l'alcool si elle est grasse, ou seulement avec de l'eau acidulée par de l'acide chlorhydrique, puis à grande eau, si c'est une glace qui a déjà servi, je l'essuie jusqu'à siccité avec un linge, je la tiens au moyen d'un support quelconque, une ventouse, etc., dans une position horizontale, et je verse sur la surface dépolie une quantité suffisante du liquide sensibilisateur que j'étends ensuite au moyen d'une tringle en verre ; lorsque toutes les parties du verre en sont recouvertes, je fais égoutter l'excès du liquide successivement par chacun des angles de la glace, je pose celle-ci sur un égouttoir a rainures, la face préparée en dessous, pour éviter que les poussières ne s'y fixent ; lorsque l'excès de liquide s'est écoulé, je mets alors toutes les glaces sur les rayons d'un séchoir, en les plaçant de quart en coin, inclinées sous un angle de 60 degrés environ, toujours la face préparée en dessous ; le coin de la glace repose sur un petit tampon de papier buvard, et un tasseau triangulaire est glissé sous le côté inférieur. Quelques traverses légères suffisent pour établir un séchoir que l'on applique contre un calorifère ; dans ce cas, les glaces sèchent promptement, deux à trois heures suffisent ; autrement, dans un endroit sec et non chauffé il faut une douzaine d'heures ; dans un endroit humide, il n'y a pas de dessiccation possible. Une fois séchée, à l'abri de la lumière bien entendu, la couche est amorphe et forme vernis *sec et non poisseux*; de là dépendront les blancs de l'épreuve, et cette couche ne deviendra *hygroscopique*

que *sous l'influence de la lumière*. On conserve des mois
entiers dans des boîtes, les glaces ainsi préparées, elles
ne s'altèrent nullement, et cela s'explique très-bien,
puisque dans l'obcurité, les sels de fer tendent plutôt à
se peroxyder qu'à se réduire en sels au minimum.

3° *De l'impression à la lumière et du développement de*
l'épreuve positive, au moyen du charbon ou des autres
couleurs et corps quelconques en poudre.

Les clichés sont des négatifs ordinaires, soit sur papier ciré, soit sur verre ; ces derniers doivent avoir été
vernis au copal dissous dans l'alcool ; tout autre vernis
à la benzine et aux corps gras, ainsi qu'à la gomme et
à la gélatine, seraient nuisibles. Je place le cliché dans
une presse, et j'applique dessus avec précaution la glace
préparée au perchlorure de fer et à l'acide tartrique,
le côté préparé en contact avec le cliché. J'expose le tout
à la lumière, soit directe soit diffuse, pendant un temps
égal à celui nécessaire pour impressionner convenablement du papier au chlorure et au nitrate d'argent. L'ha-
bitude apprend bien vite à juger de ce temps, et il vaut
toujours mieux impressionner trop que pas assez, car, lors
du développement, on peut s'arrêter lorsqu'on juge le dessin suffisamment venu aux poudres de couleur. Lorsque
l'on retire de la presse le verre impressionné, on aper-
çoit le dessin se dessinant en blanc sur fond jaune, on
le laisse alors et à l'abri de la lumière prendre la tempé-

rature ambiante, et il s'humecte aux dépens de l'humidité de l'air dans toutes les parties qui ont reçu l'action de la lumière. Après quelques minutes, la surface est apte à recevoir une première application de poudre de charbon ou autre couleur. En remettant dans une boîte la glace impressionnée on pourrait ne terminer le développement que plus tard et à volonté. Ce développement se fait au moyen d'un pinceau très-doux que l'on a trempé dans la poudre charbonneuse ou autre et que l'on promène ensuite en tous sens sur la surface impressionnée ; on voit aussitôt apparaître le dessin, le charbon ne se fixant que sur les endroits impressionnés et en quantité proportionnelle à la lumière qui a traversé le cliché. Ordinairement les demi-teintes n'apparaissent pas au premier poudrage, il est même bon qu'il en soit ainsi, car si la plaque prenait trop vite le noir, ce serait signe que l'exposition à la lumière à travers le cliché a été trop prolongée. On fait une seconde application de poudre, puis une troisième, etc., et l'on voit le dessin s'harmoniser de plus en plus ; on peut même, dans cette opération, s'arrêter et la reprendre plus tard, si on le juge convenable. Il est d'ailleurs facile de suivre la venue de l'épreuve en appliquant la glace sur une feuille de papier, le côté portant le dessin en dessous ; on peut aussi en juger en le regardant en transparence, mais vu ainsi, il paraît toujours plus faible que par réflexion. Il est facile de faire monter certaines parties qui tarderaient à venir : il suffit pour cela de les humecter.

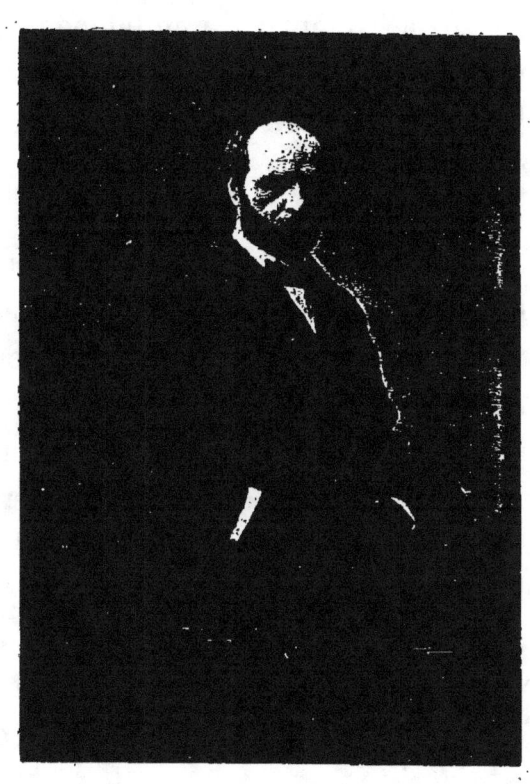

en insufflant l'haleine sur ces endroits, et d'y passer légèrement le blaireau chargé de poudre. Lorsque l'insolation a été trop prolongée, le dessin est trop chargé et
voilé ; il est facile de remédier, en partie du moins, à
cet inconvénient, en saupoudrant la plaque de verre pilé
très-fin et en la frottant avec un tampon de coton ; les
petits grains de verre enlèvent parfaitement les particules de pulvérin qui salissent l'épreuve, et celle-ci
acquiert ainsi la fraîcheur qui lui manquerait. Lorsque
l'épreuve est venue à point, on peut la conserver ainsi,
sans qu'il soit nécessaire de la fixer pour la voir par
transparence, il suffit de la vernir ou de la recouvrir d'un
verre. Si au lieu de charbon ou de couleur végétale,
j'emploie des oxydes métalliques ou des émaux en
poudre, je puis faire fondre dans un moufle ces corps
colorants, et ils forment à la surface du verre un dessin
parfaitement inaltérable, dans le genre de la peinture
sur verre ; on opérerait de la même manière sur des
plaques de porcelaine. Dans le cas, au contraire, où
cette épreuve obtenue sur verre doit être reportée sur
papier, on peut effectuer ce report immédiatement ou
longtemps après.

4o *Du report sur papier de l'image au charbon ou*
autre couleur, obtenue sur verre dépoli.

Ce report est extrêmement simple, et il n'offre aucune
difficulté. Si l'on veut seulement transporter l'image

obtenue, du verre sur une feuille de papier, il suffit de recouvrir la surface portant le dessin d'une couche de collodion normal aussi étendu que celui que l'on emploie ordinairement en photographie, de plonger la plaque dans de l'eau ordinaire jusqu'à ce que l'aspect huileux de la couche ait disparu, et de passer à plusieurs reprises à sa surface de l'eau aiguisée d'acide chlorhydrique ; cet acide rend soluble dans l'eau la couche sensible qui recouvre le verre et détruit l'adhérence du collodion à la glace; je lave ensuite à grande eau pour chasser l'acide, et j'applique sur la surface collodionnée une feuille de papier gélatiné, préalablement mouillée, et dont j'établis le contact parfait au moyen d'un pinceau large dit queue de morue, que je promène en tous sens à la surface de la feuille appliquée sur la glace; le contact établi et les bulles d'air entièrement chassées, j'éponge l'excès d'eau avec un buvard, et j'abandonne le tout à une dessiccation spontanée. Lorsque la feuille de papier gélatiné est sèche, elle se détache seule en emportant la couche de collodion, qui elle-même entraîne le dessin. Il ne s'agit plus que de fixer le dessin au moyen d'un vernis que l'on coule à sa surface ; j'emploie pour cela du vernis au copal : il reste à la surface sans pénétrer le collodion et la couche de gélatine, et sans atteindre, par conséquent, le papier. Les épreuves ainsi obtenues sont d'une grande finesse et d'un velouté très-agréable, mais elles se trouvent dans le même sens que le négatif, c'est-à-dire dans le sens inverse de l'objet à reproduire, si l'on n'a pas toutefois redressé l'image négative. Lorsque l'on désire obtenir un positif au charbon dans le sens du modèle, d'après un négatif non redressé, l'opération du report est un peu plus compliquée, mais elle est aussi facile que la première. Dans ce cas, je collodionne, je lave et j'acidule la surface comme je viens de le décrire, mais au lieu d'appliquer immédiatement sur la couche de collodion un papier gélatiné, j'y applique une feuille de papier ordinaire mouillée à l'avance, de dimension un peu plus petite que celle de la glace portant l'image, j'en établis le contact comme précédemment, puis je ramène tout autour les parties de la couche de collodion qui dépassent cette feuille de papier que je soulève ensuite et détache avec précaution de la glace, en la prenant par un des angles ; elle emporte avec elle le collodion et l'image, je reporte ensuite la pellicule de collodion sur une feuille de papier gélatiné, un peu plus grande que celle qui a servi à enlever le dessin. Cette feuille étant mouillée à l'avance, j'établis le contact parfait des deux feuilles, le collodion se trouvant placé entre ; en soulevant par un angle la première feuille elle abandonne le collodion qui reste sur le papier gélatiné. Le dessin est alors redressé et de plus il est fixé, car la couleur en poudre qui le forme se trouve emprisonnée entre la surface gélatinée du papier et la couche de collodion. Pourvu que l'on fasse usage de collodion bien tenace, c'est-à-dire fait avec de l'éther et de l'alcool rectifiés, cette opération de double report réussit toujours, elle est pour ainsi dire plus longue à décrire qu'à effectuer ; quant au transport simple, il réussit toujours, quelle que soit la qualité du collodion employé.

En résumé, les manipulations de ce procédé sont très-simples, peu dispendieuses et le résultat presque toujours certain ; il est moins délicat à employer que tous les autres procédés photographiques, si connus et si appliqués jusqu'à ce jour, et j'ose espérer qu'il a complétement résolu le problème, qui semblait si difficile, de l'impression photographique inaltérable et industrielle.

Comme je l'ai dit, on peut former ces images en couleurs vitrifiables, soit sur verre, pour produire des vitraux, soit sur porcelaine ou une surface émaillée quelconque que l'on aurait préalablement préparée au mélange de perchlorure de fer et d'acide tartrique. Mais dans ces divers cas, il vaudra toujours mieux obtenir l'image en oxydes métalliques ou en poudre d'émail sur un verre dépoli, et la reprendre ensuite au moyen du collodion que l'on reportera sur la surface où l'image doit être vitrifiée, qui alors pourra être plane ou courbe indifféremment.

Une autre propriété des surfaces préparées au perchlorure de fer et à l'acide tartrique, c'est que les corps gras ou encres d'impression que l'on y applique après leur insolation à travers un cliché ou écran, n'adhèrent qu'aux endroits non modifiés par la lumière ; j'ai utilisé

cette propriété pour un nouveau genre d'impression à
l'encre grasse, et aussi pour la gravure sur verre, ou sur
des surfaces métalliques, sur lesquelles je reporte ces
dessins en corps gras.

L'usage du collodion pour enlever l'image en poudres
de couleurs inertes, qui me réussit si bien dans ce procédé, m'a aussi suggéré l'idée de m'en servir pour enlever des dessins faits à la mine de plomb ou tout autre
crayon sur un verre dépoli, et les reporter sur papier
gélatiné ; j'ai obtenu ainsi une finesse et une douceur
que n'ont pas les dessins faits directement sur papier.
Une autre application, qui peut être très-utile aux artistes pour imprimer eux-mêmes et sans presse leurs
œuvres, consiste, comme je l'ai déjà plusieurs fois pratiqué, à faire sur verre dépoli un dessin avec un crayon
lithographique, à le préparer à l'eau acidulée et à la
gomme, comme s'il s'agissait d'une pierre dessinée et à
l'encrer au rouleau. En recouvrant ensuite la glace de
collodion, celui-ci enlève l'encre grasse ; on le reporte
sur papier gélatiné, et l'on peut encrer à nouveau le
verre et tirer autant d'épreuves qu'on le désire, en
ayant soin, avant chaque encrage, de mouiller la surface avec de l'eau légèrement gommée.

Comme je l'ai dit plus haut, après avoir pris, en
juin 1860, brevet pour mon second procédé d'impression au charbon, que je viens de décrire, j'en fis la
description à la Société de Photographie au mois de
septembre ; et en avril 1861 je donnais de nouveaux

développements sur ce sujet. La Société nomma, seulement alors, une Commission de quatre de ses membres, devant lesquels je devais expérimenter mon procédé, c'étaient MM. le comte Aguado, Davanne, Bayard et Girard. M. le comte Aguado eut la bienveillance de m'ouvrir son laboratoire de photographie pour y faire mes expériences ; ce fut donc chez lui que j'opérai. MM. le comte Aguado et Davanne assistaient à mes essais ; MM. Bayard et Aimé Girard ne s'étaient pas rendus à la convocation, qui cependant leur avait été faite à temps.

M. le comte Aguado voulut bien faire, à ce sujet, le rapport suivant, qui fut lu à la séance du 17 mai 1861. En voici le texte inséré au *Bulletin*.

« M. Davanne donne lecture du rapport fait par M. le comte Olympe Aguado, au nom de la Commission chargée d'examiner le deuxième procédé au charbon de M. Poitevin :

» La Commission chargée d'examiner le procédé dont M. Alph. Poitevin a donné de nouveaux développements dans le dernier numéro du *Bulletin*, s'est réunie dans mon atelier, et l'auteur a démontré, par diverses expériences, qu'il pouvait tenir tout ce qu'il avait annoncé.

» M. Poitevin avait apporté quelques glaces préparées depuis un temps déjà assez long, un mois environ. Un cliché a été placé sur une des glaces et exposé pendant huit minutes au soleil. Après ce temps, on rapporta le châssis dans le laboratoire ; on voit, à ce moment, sur la surface sensible une trace d'image qui se dessine en blanc sur le fond un peu jaune de la préparation ; mais en quelques secondes, par l'effet de l'humidité atmosphérique, l'épreuve, vue sous un certain angle de réflexion, s'accuse d'une manière beaucoup plus nette ; c'est à ce moment qu'on la fait sortir avec une facilité prodigieuse au moyen d'un blaireau qu'on trempe dans une poudre impalpable (qui peut être de telle couleur qu'il plaira à l'opérateur de choisir, et qui, cette fois, était de noir de pêche). On frotte l'épreuve en tous sens ; la poudre reste adhérente ; en plus ou moins grande quantité, partout où la lumière a frappé plus ou moins vivement, et accuse les moindres détails avec une finesse vraiment merveilleuse ; en continuant de frotter avec le blaireau, projetant légèrement l'haleine sur les parties trop pâles, on peut faire monter le ton ; il ne faut pourtant pas abuser de ce moyen, car si on le renouvelait deux ou trois fois au même endroit, les blancs de l'épreuve se trouveraient voilés.

» Lorsque l'épreuve est suffisamment développée, on la recouvre d'une couche de collodion normal épais, on lave à l'eau ordinaire, puis à l'eau acidulée pour séparer plus facilement le collodion de la glace, puis on détache cette couche de collodion sur une première feuille de papier sans apprêt, comme on le fait dans le Moitessier. Cette même couche de collodion, sur laquelle se trouve l'image, est reportée sur une feuille

11

dé papier gélatiné, à laquelle cette fois, elle reste parfaitement adhérente; après cette opération, l'image se
trouve redressée. Ce qui caractérise le procédé de
M. Poitevin et surprend au premier abord, c'est la simplicité des manipulations *et le grand éclat qu'il a su
conserver aux blancs.* Avec un semblable procédé, on
peut faire rapidement un grand nombre d'épreuves
indélébiles, puisqu'elles peuvent être formées par le
charbon. On peut aussi varier les colorations suivant
les épreuves, reproduire avec une exactitude merveilleuse les dessins à l'encre, au crayon, à la sanguine,
et même on pourrait obtenir, sans aucun doute, des
épreuves de plusieurs teintes.

» En conséquence, la commission a l'honneur de vous
proposer de remercier M. Poitevin, et d'insérer le présent rapport au *Bulletin.* »

Les conclusions de ce rapport furent adoptées à l'u-
nanimité.

Depuis ces premiers temps de mon second procédé
d'impression au charbon, je me suis appliqué, autant
toutefois que me l'ont permis mes occupations d'ingénieur civil, à en simplifier les manipulations et en assurer les résultats. J'ose espérer que j'y suis parvenu,
ainsi que plusieurs personnes avec lesquelles j'ai traité
pour des licences de mon brevet, ou qui s'en occupent
actuellement comme amateurs. M. Joly Grangedor en
tire un parti très-avantageux pour reproduire, par la
photographie, les chefs-d'œuvre de la statuaire an-

tique : ses épreuves devant servir de modèles de dessin dans les lycées impériaux, etc. Aucun autre procédé connu d'impression ne pourrait rendre aussi bien le modelé des marbres et des plâtres; M. Pierre Petit, l'habile photographe, l'applique avantageusement dans son importante maison de photographie, pour l'impression inaltérable de ses portraits et pour sa publication des Contemporains; M. L. Vidal, le bienveillant et impartial secrétaire de la Société photographique de Marseille, guidé seulement par mes publications et quelques renseignements qu'il m'a fait le plaisir de me demander, a acquis, dans ce genre d'impression au charbon, une très-grande habileté; les spécimens qu'il a envoyés tout récemment à la Société de Paris sont extrêmement remarquables; M. Bobin, dont les applications de la photographie à l'amplification ou à la réduction des cartes et des plans sont les premières de ce genre, imprime aussi par cette méthode ses irréprochables clichés, et la finesse des traits et l'aspect des reproductions feraient confondre les copies imprimées au charbon avec les originaux eux-mêmes. De mon côté, pour vulgariser, autant que possible, mon nouveau procédé, j'ai établi un laboratoire d'essai où je serai heureux d'initier aux manipulations et tours de main qu'il serait difficile de décrire toutes les personnes qui voudront pratiquer ce genre de photographie inaltérable au charbon, qui peut être employé par chaque amateur pour son usage personnel. Je n'ai du reste d'autre désir que d'en répandre le plus possible l'emploi. Déjà M. Edmond Becquerel m'a fait l'honneur d'entretenir de *ma nouvelle réaction chimique et de l'application que j'ai su en faire*, ses nombreux auditeurs du Conservatoire des Arts et Métiers ; dans son cours (du 20 avril 1862) des verres dépolis, préparés au perchlorure et à l'acide tartrique, ont été impressionnés en public, par la lumière électrique, et développés au charbon. M. L. Robert de Sèvres, qui pratique avec beaucoup d'habileté mon nouveau procédé, l'a aussi tout récemment démontré aux élèves de l'Ecole navale et des Ponts et Chaussées.

CHAPITRE XII.

Appendice pour servir d'historique à mes deux méthodes et procédés de photographie au charbon, — 1° Par les bichromates et les matières organiques, — 2° Par le perchlorure de fer et l'acide tartrique et leurs succédanés. — Obtention du prix de Luynes pour l'impression photographique inaltérable.

En Photographie, une méthode est l'emploi, dans un sens déterminé, d'une ou de plusieurs réactions chimiques effectuées par la lumière sur un composé ou sur un mélange de divers corps soumis à son action ; et un procédé est l'ensemble des opérations ou tours de main dont l'auteur de la méthode, ou bien les opérateurs qui la suivent ensuite, se servent pour arriver plus sûrement, ou d'une manière plus parfaite, au but désiré.

Une méthode étant indiquée peut donc donner lieu à un très-grand nombre de procédés, non qu'ils soient nouveaux pour cela, mais qualifiés ainsi, en Photographie surtout ; et l'on pourrait même dire avec raison que chaque opérateur appliquant une méthode. se crée un procédé par les tours de main plus ou moins heureux qu'il imagine.

Dans les premiers mois de 1855, à la Saline de Gouhenans (Haute-Saône), où j'étais ingénieur chimiste, j'imaginais la méthode et j'appliquais le procédé dont j'ai déposé la description, le 27 août de la même année, à la préfecture de la Seine. C'était un moyen d'imprimer photographiquement avec une couleur quelconque (*mes premiers essais furent faits avec de l'encre de Chine*) mélangée à une matière organique de nature gommeuse ou gélatineuse, additionnée d'un bichromate alcalin.

La feuille de papier était recouverte d'une couche uniforme du mélange coloré, puis séchée et impressionnée à travers un négatif; l'acide chromique perdait de son oxygène qui, en se reportant sur la matière organique, gomme, gélatine, albumine, etc., la rendait insoluble dans l'eau froide ou tiède, et après lavage, la couleur inerte (charbon par exemple) restait emprisonnée dans les parties insolées et formait ainsi le dessin.

Je produisis ainsi des épreuves que je fis voir aux quelques amis que j'avais dans cette usine; elles étaient, comme le sont des premiers essais, bien défectueuses; mais elles me donnèrent l'idée que la méthode était bonne et que mon procédé avait de l'avenir. Je me serais davantage appliqué à la perfection manuelle de ce procédé si je n'avais presque aussitôt après trouvé la propriété qu'ont les parties insolées de la même couche (mais sans addition préalable de couleur) de retenir les corps gras, et particulièrement l'encre d'impression que l'on y applique; les parties non insolées les repoussant au contraire avec énergie après mouillage, soit avant, soit après l'application des corps gras. Ce dernier moyen d'impression inaltérable me sembla, je l'avoue, plus applicable que le premier et d'un plus grand avenir, surtout à cause de son emploi à la lithographie. A cette époque, toutes les personnes auxquelles j'en parlai furent de cet avis, c'est pourquoi je ne fis voir et n'exposai que des épreuves obtenues au charbon emprisonné par les corps gras; mais je ne négligeais pas pour cela mon premier procédé du charbon uni à la gélatine, etc., et que j'avais parfaitement décrit dans mes brevets et dans plusieurs journaux, *la Lumière*, *le Cosmos*, etc.

J'attachais une très-grande importance à ces nouveaux procédés, et j'avais une telle confiance dans leur avenir, que, le 15 novembre de la même année, je donnais ma démission et je quittais les fonctions honorables et lucratives que je remplissais depuis onze ans dans les salines de l'Est, pour venir exploiter à Paris mes brevets et perfectionner mes procédés.

Etabli imprimeur photolithographe, je dus me consacrer entièrement à l'impression au charbon par les corps gras sur pierre, et, tout en produisant pour le commerce, je perfectionnai pendant deux ans mon procédé de photolithographie, qui était arrivé à un point suffisamment pratique (industriellement parlant du moins), lorsque le 28 octobre 1857, je fis la cession de mes brevets à un lithographe important, M. Lemercier, chez qui ils sont exploités depuis.

A l'époque où je trouvais ces procédés, la généreuse libéralité de M. le duc Albert de Luynes n'avait pas encore fondé ses deux prix pour l'impression photographique inaltérable et économique; et le programme du savant président de la Société française de Photographie n'avait pas signalé l'emploi du charbon comme étant la couleur la plus inaltérable et la seule qui eût fait ses preuves, et que l'on devait, par conséquent, désirer voir employer. Je n'avais donc pas nommé mes procédés *impression au charbon,* et ce ne fut que postérieurement au concours ouvert, que ce nom parut; il fut donné à mon procédé et à tous ceux créés dans le but de la solution du problème posé par le programme de la commission des prix de Luynes, et ce qui est à remarquer et à noter ici, c'est que les chercheurs de solutions ont tous suivi la voie que j'avais tracée, c'est-à-dire l'insolubilité communiquée aux matières organiques, gomme, gélatine, etc., bichromatées soit avec couleur incorporée, soit appliquée après l'insolation partielle de la couche sensible. Je citerai ici les personnes qui m'ont suivi dans cette voie, et les dates des brevets pris par elles :

M. Testud de Beauregard prenait brevet le 17 novembre 1858, et communiquait, en décembre, à la Société de Photographie, un procédé au carbone et aux couleurs quelconques; ce procédé offrait les plus grandes analogies possibles avec celui que j'employais pour l'application des encres grasses, car il appliquait, avant l'insolation, la couleur à la surface de la couche gommeuse bichromatée, qu'il lavait ensuite. — M. Sutton, en janvier 1858 (*Photographic Notes*), décrivait un procédé dans lequel il indiquait le mélange du charbon au corps organique bichromaté. — M. Pouncy brevetait en Angleterre, le 10 avril 1858, son procédé au chromo-carbone, pour lequel il employait de la gomme arabique, du bichromate et du charbon (*Photographic Notes*, novembre 1858). Comme je l'avais indiqué et effectué moi-même, ces opérateurs faisaient disparaître, par un lavage subséquent, la matière organique non insolubilisée par la lumière, ainsi que la couleur qui lui était mélangée.

Vers la même époque, et par un procédé qu'il devait à M. Joly Grangedor, M. Chardon imprimait photographiquement au carbone, en appliquant au rouleau cette couleur délayée avec de l'eau alcaline, sur une surface de papier recouverte de gélatine bichromatée et impressionnée à travers un positif du dessin à reproduire; la couleur aqueuse n'adhérait qu'aux endroits non insolés; toute la couche était ensuite solidifiée par une immersion dans de l'eau alunée. — En 1858, le 10 juillet, MM. Garnier et Salmon prenaient brevet pour l'impression au carbone, qu'ils étendaient en poudre et après l'impression sur la surface du papier préparé au citrate de fer, qui de déliquescent devient sec par l'action de la lumière (ce fait remarquable avait été observé par Herschell dès 1842), et après lavage, le charbon ne restait adhérent qu'aux endroits non insolés. Cette réaction est peu complète, si même elle a lieu, lorsque l'on emploie le citrate de fer seul sur du papier ; je l'ai expérimentée tout récemment, et je suis porté à croire qu'il faut y mélanger du sucre, ce qui n'est pas indiqué dans leur brevet. Peu de temps après, dans une addition à leur brevet, le 5 octobre 1858, ils substituaient le bichromate de potasse au citrate de fer, en utilisant toutefois, dans un autre sens que moi, la propriété qu'ont les bichromates d'insolubiliser certaines matières organiques, ou de leur enlever l'état poisseux, lorsque la lumière agit sur leur mélange. — M. Lafon de Camarsac a, lui aussi, fait des positives au charbon (*Bulletin de la Société de Photographie*, septembre 1859, p. 245), qu'il doit appliquer en poudre, en utilisant, comme on le présume, la propriété que possède le bitume de Judée additionné de résine, de ne plus se ramollir par la chaleur dans les endroits impressionnés par la lumière. Lors de la publication qu'il fit à l'Académie des sciences en 1855, sur la vitrification des images photographiques, il ne parlait pas de l'impression au charbon : l'idée ne lui en est venue que postérieurement, elle lui a été suggérée sans doute par le programme du prix de M. le duc de Luynes. M. Lafon de Camarsac n'a jamais décrit son mode d'opérer quant à la photographie au charbon, aussi peut-il aussi bien employer les bichromates que le bitume pour les quelques épreuves qu'il a produites depuis.

Tous ces divers procédés donnent des épreuves manquant de demi-teintes; cela provient de ce que l'image photographique n'existe qu'à la surface de la couche sensible, aux endroits où la lumière n'a que faiblement agi, et que le lavage, qui sert à fixer l'image, fait disparaître la pellicule devenue insoluble, en dissolvant la partie sous-jacente qui est restée soluble. Déjà et bien antérieurement à la communication faite à ce sujet par M. l'abbé Laborde, le 16 juillet 1858 (*Bulletin de la Société de Photographie*, août 1858, p. 215), je m'étais expliqué la cause de ce défaut, car j'avais eu à lutter contre le même inconvénient en me servant du même mélange de bichromate et de matière organique. sur la pierre lithographique; mais, dans ce cas, la porosité de la pierre m'avait permis d'agir sur une couche sans épaisseur à la surface, tandis qu'il n'en est pas ainsi pour le papier sur lequel la préparation doit avoir une certaine épaisseur pour obtenir un dessin vigoureux, et que, pour ménager les blancs, une couche de matière organique bichromatée doit être interposée entre la surface du papier et la même couche mélangée de noir. J'avais donc pensé à l'impression de la couche colorée et sensible à travers le papier qui la supporte; je n'en fis pas l'application, trop occupé que j'étais de ma photolithographie.

Ce ne fut qu'en novembre 1860, qu'un opérateur de

Lyon, M. Fargier, qui en se servant de mon procédé d'impression au charbon mélangé avec les matières organiques bichromatées, et en y apportant la modification indiquée par M. l'abbé Laborde dès 1858, a donné la description d'un procédé, prétendu nouveau, auquel il travaillait depuis 1858, en se servant toutefois, comme il ne l'a dit qu'à demi, des travaux de ses devanciers. Cet heureux opérateur, en se servant des couches épaisses de gélatine bichromatée mélangées de noir en poudre, obtient de fort belles épreuves positives, en utilisant l'impression plus ou moins profonde de ces couches sensibles, comme je l'avais fait moi-même en 1855 pour la gravure hélioplastique (*Bulletin de la Société de Photographie*, mars 1857, p. 69). En outre, il enlève l'image au charbon au moyen d'une couche de collodion, comme je le fais dans mon second procédé d'impression photographique inaltérable, dont j'ai donné la description le 26 juin 1860, et par conséquent bien antérieurement à la publication de M. Fargier.

Pour le tour de main qu'il a apporté à mon procédé au charbon de 1855, M. Fargier a cru pouvoir prendre un brevet d'invention, le 17 septembre 1860, et il publiait son mode d'opérer le 23 novembre suivant (*Bulletin de la Société de Photographie*, décembre 1860). J'ajouterai que non-seulement son tour de main ne constitue pas un procédé brevetable, mais que son mode d'opérer avait été suffisamment indiqué antérieurement pour qu'il ne pût être accepté comme chose nouvelle.

M. Fargier doit donc être considéré seulement comme un habile ou plutôt un heureux opérateur, et non comme l'inventeur d'un nouveau procédé; c'est d'ailleurs ainsi que l'a jugé, tout dernièrement, la commission chargée de décerner le prix de Luynes pour *l'impression inaltérable*.

Quant à la seconde méthode qui a donné lieu à mon dernier procédé d'impression au charbon, elle est basée sur une réaction chimique que j'ai découverte et su aussitôt utiliser; c'est la propriété hygroscopique donnée par la lumière à une couche primitivement sèche et formée par le mélange en proportions définies de perchlorure de fer et d'acide tartrique, 12 grammes du premier et 6 grammes du second par 100 centimètres cubes de dissolution aqueuse. Je fais apparaître l'image avec les couleurs en poudre, charbon ou autres, qui ne prennent que sur les parties insolées des surfaces des verres dépolis, enduites de la couche sensible, séchée spontanément dans l'obscurité et impressionnée à travers *un négatif;* je consolide ensuite cette image au moyen d'une pellicule de collodion, afin de la reporter sur une feuille de papier gélatiné, gommé ou enduit de colle de pâte. J'ai breveté ce procédé le 28 juin 1860, et présenté des épreuves ainsi faites à la Société de Photographie, le 20 juillet suivant; la description de mon procédé a été communiquée à la même Société le 26 octobre (*Bulletin de la Société de Photographie*, novembre 1860, p. 304).

La réduction par la lumière du perchlorure de fer, est connue depuis longtemps des chimistes ; tous les ouvrages spéciaux citent la décomposition de sa dissolution dans l'alcool ou l'éther ; mais ce composé n'avait jamais été appliqué à la photographie avant l'usage que j'en fis pour l'impression au gallate de fer (*Bulletins de la Société de Photographie*, juin 1859 et 1860.)

Bien antérieurement, M. Herschell avait étudié l'action de la lumière sur le ferro-citrate d'ammoniaque, et dès 1842, il publiait l'application qu'il en faisait à la photographie pour l'impression à l'or et à l'argent (de Valicourt. *Manuel Roret* ; 1841, p. 141). M. Herschell remarquait en outre que le papier imprégné de ce sel déliquescent devenait *sec et imperméable à l'eau* dans les endroits frappés par la lumière. C'est sur cette propriété que MM. Garnier et Salmon ont basé, en 1858, leur premier procédé, *dit véritable*, d'impression au charbon ; mais ils abandonnèrent bientôt le citrate de fer pour opérer plus sûrement avec les bichromates alcalins, comme il est dit plus haut.

Tout au contraire, la lumière, en réduisant le perchlorure de fer mélangé à l'acide tartrique (composé sec et non déliquescent), rend hygroscopiques seulement les parties qu'elle a frappées, parce que là il s'est formé du protochlorure de fer déliquescent, et que l'acide tartrique est détruit. Tous les sels de sesquioxyde de fer ne rempliraient pas le même but, parce que l'oxyde de fer ou les sels de protoxyde qui se forment ne sont pas déliquescents. La réaction que j'ai observée et su appliquer, est donc diamétralement opposée à celle du citrate de fer de M. Herschell, dont du reste je n'ai connu le travail que depuis peu.

Quant au saupoudrage avec le charbon, je n'en revendique pas l'invention, car le moyen de produire des dessins avec des couleurs en poudre, adhérant à des parties humides, poisseuses ou vernissées, est employé depuis très-longtemps, soit par les enlumineurs sur des traits gommés, soit par les lithographes qui impriment au vernis incolore pour y appliquer ensuite une couleur en poudre ; les dessins en matière vitrifiable que l'on reporte sur porcelaine, émail, etc., sont aussi obtenus par saupoudrage. Si maintenant nous recherchons le premier emploi des poudres en photographie, il faut l'attribuer à l'illustre Daguerre, car c'est avec de la vapeur mercurielle (mercure en poudre) qu'il produisait ses magiques dessins. Depuis, en 1855, M. Lafon de Camarsac saupoudra d'oxydes ou d'émaux pulvérisés des surfaces préparées au bitume de Judée et à la résine, et impressionnées à travers un *positif*, la poudre n'adhérant qu'aux endroits qui ont été préservés de l'action de la lumière, comme je l'ai dit précédemment. Moi-même, en 1855, dans la description de ma méthode d'impression aux couleurs liquides ou solides, j'entendais par solides l'emploi des couleurs en poudre appliquées sur les surfaces insolubilisées partiellement ; car je ne sache pas que l'on puisse produire des dessins avec des couleurs solides, en morceaux, ou même concassées grossièrement.

C'est ce que faisait, en 1857, M. Testud de Beauregard en appliquant, avant l'insolation, une couche de plombagine sur la gomme ou la gélatine bichromatée. Depuis, en 1858, MM. Garnier et Salmon appliquèrent aussi le charbon en poudre sur leurs surfaces poisseuses au citrate de fer ammoniacal, ou mieux au sucre bichromaté et partiellement insolubilisées ; bien qu'une *couche continue* de noir se formât dans leur saupoudrage, le noir ne restait ensuite qu'aux endroits non *frappés par la lumière,* lorsque l'on plongeait dans l'eau la feuille impressionnée à travers un *positif* et noircie partout.

Je le dis, et j'insiste sur ce point, c'est que l'emploi des couleurs en poudre, ou saupoudrage, ne peut constituer un procédé particulier ; c'est un moyen connu et employé de tout temps, et quand bien même il n'en serait pas ainsi, dans mon dernier procédé, la poudre n'adhère seulement qu'aux endroits insolés et devenus hygroscopiques par la lumière, de sorte que l'on voit l'image se former graduellement sous le pinceau ; tandis que dans le procédé au bitume de M. Lafon de Camarsac, la poudre se porte sur les endroits non insolés, et que dans celui de MM. Garnier et Salmon elle prend partout : seulement un lavage subséquent entraîne celle qui couvre les endroits rendus moins poisseux, par la lumière. Je n'ai donc rien pris à ces Messieurs, ils se sont, comme moi, servis de ce qui appartenait à tous.

En un mot, la nouveauté de mon dernier procédé d'impression photographique, réside dans la réaction chimique que j'ai découverte et observée le premier, et dont j'ai su tirer parti, ainsi que dans la solidification et l'enlevage de l'épreuve au charbon, au moyen d'une couche de collodion.

Comme il est dit dans la description de mon dernier procédé, l'épreuve au charbon peut être directement obtenue sur papier convenablement préparé, ou sur verre collodionné ou non; mais j'ai toujours préféré employer le verre dépoli comme support immédiat de ma préparation. L'image que j'obtiens est complète après son développement, elle n'a besoin d'aucun lavage subséquent, et lorsqu'il s'agit de la reporter du verre sur le papier, j'ai dès le principe imaginé l'emploi du collodion; M. Fargier l'emploie aussi dans le même but, mais je n'ai pu être inspiré par lui, car son procédé, constitué surtout par le tour de main qu'il a apporté à ma première méthode, n'a été connu qu'un mois après la publication que je fis à la Société de Phographie et de ma seconde méthode et de mon procédé au perchlorure de fer et acide tartrique. Si donc M. Fargier a, de son côté, imaginé l'emploi du collodion pour solidifier le *dessin photographique au charbon*, je l'ai aussi imaginé du mien, et ma publication a précédé la sienne.

En résumé, dans le procédé au perchlorure de fer et à l'acide tartrique, la méthode, c'est-à-dire la réaction

12

chimique, est de moi; son application au but que je me suis proposé, l'impression au charbon, est aussi de moi, ainsi que le procédé qui consiste : dans la préparation des glaces, *l'emploi du charbon* en Photographie (27 août 1855) et le report du dessin sur papier gélatiné.

Les épreuves positives au charbon, qu'aux diverses époques du concours pour le prix de Luynes, j'ai soumises à la Commission, laissent encore à désirer sans doute, aussi doit-on seulement les considérer comme des spécimens d'un procédé nouveau, appliqué sans installation spéciale et par l'auteur lui-même, plus apte à perfectionner la partie chimique de son procédé, qu'à atteindre la perfection artistique par d'habiles et patientes manipulations. J'ai cependant l'espoir que, telles qu'elles sont, elles peuvent donner une idée de ce que fournirait ce procédé entre des mains exercées, et appliqué par des artistes soigneux et intelligents. Pour en juger, que l'on se reporte aux premières épreuves photographiques de nos illustres maîtres, Daguerre, Talbot, etc.; ces spécimens étaient loin d'égaler et même de faire prévoir la perfection que l'on a atteinte depuis avec leurs méthodes et leurs procédés. Et, sans sortir du genre d'impression photographique qui nous occupe, combien sont différentes de mes premiers essais de 1855 les positives au charbon que fait M. Fargier, en suivant textuellement ma méthode et entièrement mon procédé à la gélatine bichromatée et mélangée de noir; puisqu'il lui suffit, d'un tour de main seulement pour mieux réussir que tous ceux qui avaient déjà, avant lui, travaillé ce procédé.

Si donc, j'obtiens certaines épreuves satisfaisantes par mon dernier procédé, on doit, je le pense, avoir grand espoir pour son avenir, puisque, je le répète, il rivalise maintenant avec le premier au bichromate et gélatine, dont, à l'origine, je n'obtenais que de très-médiocres résultats; d'un autre côté, il est bien plus pratique, beaucoup plus facile et moins coûteux.

Obtention en entier du prix de 2,000 fr. fondé par M. le duc Albert de Luynes, pour l'impression photographique inaltérable.

En terminant cet opuscule, je suis heureux de pouvoir apprendre aux lecteurs bienveillants que mes travaux en Photographie auront intéressés, que la Commission chargée par la Société française de Photographie de juger le concours au prix fondé en 1856 par la munificence de M. le duc Albert de Luynes, pour l'*impression photographique inaltérable*, vient de m'accorder ce prix en entier, comme étant l'auteur des méthodes et procédés divers suivis et employés jusqu'à ce jour pour la *Photographie inaltérable au charbon.*

Dans une dernière réunion de la Commission, le 14 mars 1862, M. V. Regnault, président, et MM. Balard, Edmond Becquerel, le comte Léon de Laborde, E. Peligot, Paul Périer et L. Robert de Sèvres, membres présents à la réunion, conclurent à ce que le prix devait m'être accordé en entier et que, toutefois, on consulterait la Société de Photographie pour accorder à M. Fargier, mon seul concurrent, une médaille de 600 fr., à prendre *sur les fonds de la Société*, comme récompense des améliorations heureuses apportées par lui, à mon premier procédé à la gélatine bichromatée.

M. Regnault, qui avait voulu rédiger lui-même le rapport renfermant les conclusions de la Commission, a lu ce rapport à la séance publique du 21 mars.

Je remercie M. Regnault, ainsi que les membres de la Commission, de l'honneur qui m'est fait, c'est pour moi un encouragement, et même une obligation, à persévérer dans mes recherches et applications photochimiques.

J'aurais désiré pouvoir donner ici les termes mêmes de ce bienveillant Rapport, mais il n'a pas encore paru dans le Bulletin de la Société de Photographie, au moment où se termine l'impression de cette brochure.

FIN.

TABLE DES MATIÈRES

FIN DE LA TABLE.

Paris. — Imprimerie de E. DONNAUD, rue Cassette, 9.

Paris. — Imprimerie de E. Donnaud, rue Cassette, 9.

www.ingramcontent.com/pod-product-compliance
Lightning Source LLC
Chambersburg PA
CBHW071534220526
45469CB00003B/772